Ulrich Schaffer
Ich will zart sein mit dir

Hier kannst du
dein Foto
oder etwas anderes
einkleben

Ulrich Schaffer

Ich will zart sein mit dir

Verzaubern, Enttäuschen, Erwachen, Lieben

Mit Fotos von Ulrich Schaffer

Kreuz Verlag

Für Kira,
auf deinem Weg
durch die schöne, schwere Landschaft
der Beziehungen

© by Dieter Breitsohl AG
Literarische Agentur Zürich 1985
Alle deutschsprachigen Rechte beim Kreuz Verlag Stuttgart

3. Auflage (31.–36. Tausend) 1987
Kreuz Verlag Stuttgart 1985
Alle Fotos: Ulrich Schaffer

Inhalt

Ich will zart sein mit dir

Vor über zehn Jahren kam mein Büchlein „Ich will dich lieben" heraus. Inzwischen liegt es allein in Deutsch in einer Auflage von 100 000 Exemplaren vor. Zwei Jahre später erschien „Wachsende Liebe", und auch davon gibt es in Deutsch mehr als 50 000 Exemplare. Durch die Jahre habe ich viel Post auf diese beiden Bücher bekommen und habe immer wieder gehört, wie Verliebte, Verlobte, Verheiratete – Menschen, die in Beziehungen stehen, mit diesen Büchern leben. Das hat mich ermutigt, jetzt noch einmal ein Buch zu diesem Thema zusammenzustellen.

Dies ist ein Buch zum Blättern. Man kann, braucht es aber nicht von Anfang bis zu Ende durchzulesen. Das ordnende Prinzip des Buches ist das Leben einer Beziehung in seinen verschiedenen Phasen. Ich identifiziere immer wieder vier Phasen und habe versucht, sie in verschiedenen Beiträgen zu beschreiben und zu gestalten durch kurze Gedankensplitter, längere Meditationen, Fragebögen, Beschreibungen und Antworten auf Briefe mit Fragen aus der schönen, beängstigenden Landschaft der Beziehungen.

Jede der vier Abteilungen beginnt mit einer Art Aufsatz und gibt das Thema an, das dann variiert wird. Die meisten Texte sind so gestaltet, daß sie eigentlich noch besprochen werden sollten – mit der Person, mit der der Leser/die Leserin in Beziehung steht, oder in einem kleinen Kreis von Menschen, die sich darüber Gedanken machen, wie man wirklich sinnvoll miteinander umgehen kann. Die Texte sind also Sprungbretter. Das Wichtigere, das Durcharbeiten und Ins-Leben-Stellen der Texte, kommt danach.

Die Bilder habe ich ins Buch aufgenommen, um eine weitere Möglichkeit zur Identifikation zu geben. Bei meinen Reflexionen handelt es sich nicht um Theorien, sondern um Reaktionen auf das Leben. Durch die Fotos von Menschen wollte ich andeuten, daß hinter den Texten wirkli-

7

che Menschen stehen. Da sich das Buch besonders an junge Leute wendet, habe ich Bilder von Jugendlichen gewählt. Ich will damit nicht sagen, daß die Liebe nur für Junge ist. Ich gehöre ja selbst nicht mehr zu den Jungen und erlebe trotzdem die verändernde Stärke der Liebe immer wieder neu. Natürlich wünsche ich auch den Älteren Freude beim Lesen und Entdeckungen für ihr eigenes Leben.

Sicherlich habe ich einige Situationen und Nöte, einige Fragen und Überlegungen verpaßt, obwohl dieses Buch viel dicker geworden ist als geplant. Und manches habe ich sicherlich doppelt gesagt. Es geht mir auch nicht um Vollständigkeit – eher um die Möglichkeit der Identifikation.

Ich wünsche dem Leser/der Leserin, daß er/sie sich in dem einen oder anderen Gedanken wiederfindet und vielleicht eine neue Einsicht für eine wichtige Beziehung mitnimmt.

Die verstreuten Briefe sind alle in der Zeitschrift „punkt" erschienen, für die ich seit einigen Jahren schreibe. Ich wollte sie durch Aufnahme in dieses Buch einem größeren Leserkreis zugänglich machen. Der Artikel über die Zärtlichkeit ist ebenso in „punkt" erschienen.

Ich möchte allen danken, die mir vertraut haben und mich eingelassen haben in ihre inneren Fragen und Überlegungen. Ohne sie wäre dieses Buch nicht zustande gekommen.

Jetzt wünsche ich dem Leser/der Leserin neue Entdeckungen über die Liebe und den Mut, nicht aufzugeben, das Lieben immer wieder neu zu lernen, es zum Zentrum des Lebens zu machen. Unsere Zeit, wie jede Zeit, hat nichts nötiger als Liebende.

Ulrich Schaffer,
Burnaby, B.C. Canada,
im September 1984

8

Die Welt
ist verzaubert

Das Verliebtsein

Wo fängt man beim Thema „Beziehung" an? Es ist so riesengroß, so wichtig, so existentiell für die meisten von uns! Beziehung ist nicht in erster Linie Gedachtes, sondern Erlebtes und Durchlittenes, und darum ist es schwer, es fein säuberlich zu ordnen. Und doch möchte ich es versuchen. Ich habe bei mir und anderen immer wieder erlebt, daß Beziehungen ganz stark in Phasen oder Ebenen ablaufen. Das betrifft Freundschaften zwischen Teenagern ebenso wie Beziehungen zwischen Menschen, die schon lange in einem festen Verhältnis stehen. Ich kann immer wieder vier Ebenen feststellen und möchte darum auch meine Überlegungen in vier Teile gliedern. Ich schreibe nicht irgendwie „von oben herab", als wäre ich durch das alles durch und würde jetzt souverän darüber dozieren können. So fühle ich mich überhaupt nicht. Ich entdecke immer wieder, wie nötig ich das habe, was ich meinte schon zu können. Ich vermute, daß wir in diesem Bereich nie auslernen werden. Zunächst ein paar Vorbemerkungen.

Ich glaube, daß das Denken eine wichtige Sache in jeder Beziehung ist. Ich sage das, weil es Menschen gibt, die fest davon überzeugt sind, daß man einfach „nur leben" sollte. Wenn man sich Gedanken mache, dann haue das alles schon nicht mehr so hin. Sicherlich gibt es das, daß zu viel gedacht und zu wenig gelebt wird. Manche brauchen das Denken ja als Flucht vor dem Leben, und das möchte ich nicht unterstützen. Aber es gibt auch das andere: Viele flüchten vor dem Wachsen und Reifen in eine Art Rausch. Sie raffen Erlebnisse, stürzen sich in Abenteuer, wollen nichts verpassen und glauben, daß schon das Erleben allein ihre Lebensqualität verbessert. Aber sie verarbeiten nichts. Sie häufen neue Erlebnisse auf alte. Im Bereich der Beziehungen sind das oft die Menschen, die von einem Verhältnis zum andern gehen. Sie scheinen sich ständig zu wiederholen und kommen nicht über einen gewissen Punkt hinaus.

Für sie wäre es nötig, beides zu tun: zu erleben und das Erlebte durchzureflektieren. Ich glaube, daß erst im Durchdenken ein Erlebnis wirklich zu meinem Eigentum wird. Alle Gedanken, die ich noch schreiben werde, sind auf diesem Hintergrund zu verstehen. Wenn ich besser durchschaue, was an, in und mit mir geschieht, wenn ich bewußter lebe, kann ich auch mein Leben besser gestalten und werde nicht so stark hin- und hergeworfen von den Ereignissen.

Natürlich verändert sich eine Beziehung ständig, und ich will auch nicht, daß sie total bestimmbar wird. Dann wäre sie steril. Aber wenn sie sich so verändert, daß die Partner gewissermaßen hinter ihrer eigenen Beziehung herhinken, weil alles zu schnell und unübersichtlich abläuft, dann leiden beide meistens auch darunter.

Warum überhaupt diese Phasen? Passiert das wirklich so? Ich meine ja, und zwar aus einigen wichtigen Gründen.

Um uns selbst Sicherheit zu schaffen, neigen wir dazu, gewisse Zustände und Abläufe ständig zu wiederholen. Wir wollen uns vor unangenehmen Überraschungen schützen. Wenn wir das tun, laufen wir Gefahr zu stagnieren. Wir leben eine Rolle und versuchen, dem andern auch eine Rolle zuzudiktieren. Daran gehen viele Beziehungen kaputt. Sie werden leer, weil die einzelnen nicht mehr mit ihrem ganzen Menschsein an ihrer Beziehung beteiligt sind.

Nun scheint es in uns einen sechsten Sinn für diese Gefahr zu geben. Wir verändern unser Verhalten, um den andern auf bisher unbemerkte Seiten an uns aufmerksam zu machen. So wird aus dem Verliebten, mit dem es so leicht war, fast über Nacht ein Mensch, der auch Stacheln zu haben scheint. Damit rutscht die Beziehung aus der ersten in die zweite Phase, und mit ihr kommen Schwierigkeiten,

12

aber auch neue Wachstumsmöglichkeiten. Was uns Not macht, ist auch gleichzeitig unsere Chance. Durch die Not geraten wir an unseren Willen, den wir bisher in der so wunderbaren Beziehung vielleicht gar nicht gebraucht haben, und schon sind wir in der dritten Phase mit wieder neuen Möglichkeiten.

Auch scheint es fast nötig zu sein, daß wir jede Phase in extremer Weise erleben, um das in Gang zu setzen, was nur diese Phase in Gang setzen kann. Es zeugt darum auch von einem gewissen Unverstand, wenn Menschen die verschiedenen Phasen bei andern belächeln, zum Beispiel die Phase des Verliebtseins oder die Phase der notvollen Enttäuschung. Natürlich weiß der, der dies schon durchgemacht und auch durchdacht hat, daß hier etwas „übertrieben" erlebt wird, und mag es darum relativieren; aber gleichzeitig wird er auch wissen, daß dies zur Entwicklung der Persönlichkeiten notwendig ist, und es eben darum nicht lächerlich finden.

Es geht also nicht um ein Überwinden dieses Ablaufs oder um ein Hinauswachsen über diese Phasen, sondern darum, die Impulse zu verstehen, die sie unserer Entwicklung geben.

Man kann dieser Phase viele Namen geben. Die, die in ihr sind, finden keine Namen ausreichend. Nichts scheint auszudrücken, was sie erleben.

Es ist einfach zauberhaft. Alles ist verklärt. Es ist die Phase, von der wir meistens träumen, von der Liebesgeschichten handeln (wenigstens am Anfang), die uns die Werbung anbietet. Wenn von Liebe gesprochen und geschrieben wird, dann ist es meistens über das Verliebtsein.

Man begegnet sich, lernt sich ein wenig kennen, beginnt etwas füreinander zu empfinden. Es ist ungeheuer spannend, prickelnd, aufregend. Ich lasse mich mit einer ganz fremden Person ein. Wir tauschen uns aus, entdecken Ähnlichkeiten. Wir verstehen uns, sagen uns Sachen, die wir

14

bisher niemand gesagt haben. Wir verlieben uns. Wir werden erfinderisch. Wir sind erstaunt über unsere eigene Veränderung, und was uns noch mehr erstaunt ist, daß wir die Kraft haben, den andern zu verändern. Der andere versichert uns, daß er sich noch nie einem Menschen so aufgetan, daß er noch nie so vertraut hat. Wir verzaubern und werden verzaubert. Auch die Welt um uns verändert sich. Tatsächlich fühlen wir Gefühle, die uns unbekannt sind, wir hören schärfer, riechen besser, wir sehen mehr von der Welt um uns, wir erleben unsere Haut, die wir bisher nicht so kannten, als Geschenk, durch das wir Zärtlichkeit empfangen können.

Glücklich ist der Mensch, der dies erlebt. Es ist ein wunderbares Lebensgefühl. Es ist ungeheuer wichtig, dieses Öffnen einem Menschen und der ganzen Welt gegenüber zu erleben. Neben dem Träumen und dem Denken an den andern gibt es natürlich auch ab und zu Angst: Was, wenn ich den andern verliere? Man hat das Empfinden, als könne man ohne ihn nicht mehr leben, vor allem will man es nicht. Man stellt sich eine feste Bindung vor und ist überzeugt, daß sie viel Glück in sich tragen würde.

Gewöhnlich steht diese Zeit der Beziehung unter dem Zeichen der Ausschließlichkeit. Häufig sondern sich die beiden ab, brauchen Zeit für sich allein. Alle anderen wirken störend, besonders zu Beginn dieser Zeit. Das ist auch verständlich, denn die ganze kreative Energie fließt zu einer Person, in eine Richtung. Für manche ist auch nur so der Durchbruch zu einem anderen Menschen möglich. Später wird die Beziehung dann hoffentlich wieder für andere aufgemacht, sonst erdrosseln sich die beiden gegenseitig.

Für viele ist das Verliebtsein etwas sehr Überraschendes. Natürlich haben sie es vorher gewünscht und auch davon geträumt, aber wenn es passiert, scheint es doch anders zu sein, als man es erwartet hat. Ich vermute, das hat damit zu tun, daß wir uns im tiefsten als sehr einsam erleben: So wie

ich ist niemand! Was ich fühle, fühlt sonst keiner! Diese Gedanken kennt fast jeder. Viele Menschen sind gefangen in ihrem Ich. Sie können nicht zum andern finden, sie sind allein. Um da herauszukommen, bedarf es schon eines starken Erlebnisses. Das passiert beim Verlieben. Plötzlich fallen Schranken, Hemmungen werden überwunden, Vertrauen wird geschenkt, und zwei Gefangene setzen einander ein Stück frei. Der Anfang ist gemacht worden.

Ich bin berührt worden

Ich spüre in mir eine Regung,
die ich nicht kenne.
Ich bin berührt worden in meinem Inneren.
Es ist etwas losgegangen.
Es ist ungeheuerlich schön,
und doch habe ich Angst davor.
Aber ich will, daß es weitergeht.
Doch schaffe ich es, damit umzugehen?

Nie habe ich mich so gefühlt.
Ich habe nicht gewußt,
daß das Leben so sein kann.
So tief und ergreifend.
Aber kann ich so leben?
Kann ich so noch ganz normale Dinge tun?
Kann ich jemals wieder normal leben?

Ich habe diese Art
glücklichen Vertrauens
vorher nicht gekannt.

Ich habe mir immer alles erarbeitet,
auch das, was nur als Geschenk
zu haben ist.

Darum stehe ich jetzt hilflos
vor deiner Liebe,
mit meinen zwei linken Händen,

und bin doch froh.

Tagträumen

Ich ertappe mich dabei,
wie ich deinen Namen
immer wieder schreibe
und dann vorsichtig
meinen Namen unter deinen setze.

Ich konzentriere mich auf unsere Liebe
mit jeder Bewegung des Bleistifts.
Durch den Bleistift
bewege ich mich auf dich zu.

Wenn ich mich über dich beuge,
muß ich darauf achten,
daß ich nicht leer laufe
zu dir hin,
in dich hinein.

Ich muß mich
an mich halten
und bei mir bleiben,
um noch zu dir kommen zu können.

Ich mag jemand, bin aber sehr schüchtern. Und sie, die ich mag, ist auch schüchtern. Manchmal stelle ich mir vor, daß wir jahrelang so zusammen in einer Jugendgruppe sein könnten, ohne einander näher zu kommen. Allerdings, wenn ich daran denke, mich mit ihr zu treffen, wüßte ich auch nicht so recht, wie das aussehen sollte. Übrigens, ich bin 17, und ich glaube, sie ist es auch. Peter

*Lieber Peter,
es spricht für Dich, daß Du so zögernd und vorsichtig bist. Oft wird so manches Zarte durch Draufgängertum zerstört. Warte doch einfach. Ich glaube, daß sich in Dir etwas vorbereitet, daß ein Wunsch und eine Fähigkeit in Dir wachsen, und wenn die Zeit richtig ist, wirst Du auf sie zugehen oder sie auf Dich. Laß diesen Zeitpunkt langsam herankommen und laß Dich nicht unter Druck setzen von einer Gesellschaft, die Schüchternheit als Schwachheit sieht. Schüchternheit hat eine bewahrende Funktion, sie läßt das nicht passieren, was verfrüht wäre, und vielleicht könntest Du mit mehr Nähe zu dem Mädchen gar nicht richtig umgehen. Vielleicht „brauchst" Du sie noch zu stark und würdest Dich abhängig von ihr machen. Oder vielleicht würdet Ihr gar nicht richtig in der Tiefe zueinander finden. Das passiert in sehr vielen Teenager-Verhältnissen. Es wird ein sehr vordergründiges Verständnis von Liebe entwickelt, einfach, weil die zwei noch nicht „vorbereitet" genug sind. Und Vorbereitung geschieht durch Einsamkeit und Warten. Ich kann Dich schon seufzen hören, daß das Warten doch so schwer ist. Natürlich ist es schwer, aber gerade durch diese Schwere bekommst Du Tiefe. Natürlich geht es dabei nicht einfach um ein passives Warten. Du kannst die Zeit sinnvoll nutzen: Dich näher mit diesem Gedanken befassen, überlegen, was Du überhaupt in Deinem Leben willst, was Du von der Beziehung zu diesem Mädchen erhoffst. Du kannst über dieses Thema lesen, mit anderen, auch gerade Älteren darüber sprechen und Dich so insgesamt vorbereiten auf etwas, das ganz wichtig in Deinem Leben sein wird. Zu viele schlittern so einfach in diesen ganzen Bereich hinein und haben von Anfang an das Empfinden, daß sie nicht verstehen, was eigentlich geschieht. Sich mit einem anderen Menschen näher einzulassen ist etwas sehr Tiefes, und etwas Ängstlichkeit, dies zu tun, ist besser als zuviel Selbstsicherheit.
Du, fall nicht auf die laute und „angriffige" Art der anderen Jungen*

herein. Oft überspielen sie mit ihren Worten auch nur ihre Schüchternheit. Und die, die überhaupt nicht mehr schüchtern sind, haben damit oft auch etwas Zartes, Vorsichtiges verloren, was gerade so notwendig in einer Beziehung ist. Sie sind wirklich nicht zu beneiden. Ich glaube auch, daß Schüchternheit etwas Anziehendes an sich hat. Vielleicht mag das Mädchen gerade Deine Zurückhaltung. In einer Bach-Kantate heißt es so schön:
„Willst du dein Herz mir schenken, so fang es heimlich an."
Ich möchte Dir hiermit Mut zum Warten machen. Zum Warten auf Dich selbst. Laß Dir Zeit, bereite Dich vor, laß alles organisch in Dir wachsen, und all das wird seinen Ausdruck in einer tieferen, umfassenderen Beziehungsfähigkeit finden.

24

Beim Autofahren
denke ich an dich
und könnte jetzt glatt
in den Graben,
durchs Kartoffelfeld
und wieder zurück
auf die Straße fahren.
So glücklich bin ich.

Aber ich laß es lieber,
weil ich es noch bis zu dir schaffen will.

Wirklichkeit?

Ich fühle mich wie im Märchenland.
Mein Leben ist verzaubert,
wenn ich an dich denke.
Die Welt leuchtet
in dem besonderen Licht,
das du verbreitest.
Beinah sehe ich einen Heiligenschein
um dich.

Meine Freunde lächeln über mich,
und dann frage ich mich,
was mit mir los ist.
Das bringt meine Wunderwelt ins Wanken,
und alles rückt wieder
an seinen „richtigen" Platz.
So sagen meine Freunde wenigstens
und meinen damit ihre Wirklichkeit.

Aber ich frage mich weiter,
was die Wirklichkeit ist.
Menschen, die aufgegeben haben,
die nicht mehr träumen und hoffen,
die nicht mehr an ein Paradies glauben,
die den Zauber im Täglichen nicht sehen,
wissen sie, was Wirklichkeit ist?

Vielleicht reden wir mehr von Wirklichkeit,
wenn wir den Mut
und die Sehnsucht verloren haben,
Liebe, Glaube und Hoffnung am Leben zu erhalten.

Zu jung?

Man hat mir immer wieder
zu verstehen gegeben,
daß ich zu jung sei,
um etwas von Liebe zu empfinden.
Die Liebe sei für Ältere,
die die richtigen Worte kennen.

Und doch merke ich,
daß ich etwas erlebe,
was mich so trifft wie nichts zuvor.
Es ist, als ob etwas unendlich tief in mir
angerührt worden sei,
da wo mein Leben herkommt.
Ich kann jetzt in eine andere Wirklichkeit sehen.

Aber ich werde es still in mir tragen.
Ihm will ich es nicht sagen,
vielleicht würde er lachen.
Ich habe Angst, daß es kaputtgeht,
wenn ich darüber rede.

Ich habe nur eine Ahnung,
was das alles bedeuten kann.

Jetzt

Der Anfang einer Beziehung
entscheidet oft, wie sie weitergehen wird
und was aus ihr wird.

Wenn wir bereit sind, uns zu kompromittieren,
jetzt,
dann werden wir es auch später tun.

Wenn wir nicht darüber reden, was uns stört,
jetzt,
dann werden wir versuchen, es auch später
zu umgehen.

Wenn wir mit oberflächlicher Liebe zufrieden sind,
jetzt,
werden wir diese Art der Liebe
auch später annehmen.

Wenn wir unsere Vergangenheit nicht aufräumen,
jetzt,
werden wir damit leben müssen,
daß uns etwas trennt.

Fangen wir doch richtig an. Jetzt.
Geben wir doch unserer Beziehung
eine wirkliche Chance,
auch wenn es jetzt weh tut und schwer ist.

Komm, wir wollen keine Angst haben.
Wir wollen etwas wagen
und der Liebe ein Fundament legen,
auf dem sie wachsen kann.

Er traf auf sie

Er traf auf sie. Er hatte hungrige Augen. Alles an ihm hatte Hunger. In den Augen konzentrierte sich der Hunger. Der größere Hunger. Es gab nichts an ihm, das nicht hungrig war. Sein ganzes Wesen hungerte nach Leben. Denn er hatte nicht gelebt, so meinte er wenigstens. Immer und überall hatte man ihm das Leben abgeschnitten. Fast alles war verboten gewesen. Verschlossene Türen, Schilder, Schuldgefühle, Gewissensbisse, Verbote, Not und wieder Verbote. So hatte er sich zurückgenommen, war kleiner geworden, war geschrumpft. War faltig geworden trotz seiner 22, 23 Jahre.

So traf er sie. So hatte er Hunger auf Nähe.

Manchmal, und es passierte immer häufiger, hatte er das Empfinden, kaum noch zu existieren. Er versank in sich, und das Schreckliche war, daß er da auch nichts mehr vorfand. Mit der Zerstörung außen war innerlich auch nichts gewachsen. Alles schloß sich über ihm und in ihm.

So traf er sie. So hoffte er auf Leben.

Sie war anders aufgewachsen. Sie hatte das Dienen gelernt, das Leiden, das Sich-selbst-Vergessen. Sie war Mädchen gewesen, hatte es aber nicht eigentlich sein dürfen. Sie durfte ihren Körper nicht wahrnehmen, durfte sich nicht an ihren wachsenden Brüsten freuen, nicht davon träumen, einmal mit einem Mann zu schlafen. Alles in ihrem Leben war von dem Dienen erschlagen worden. In ihrer Verzweiflung ähnelte sie sehr dem jungen Mann. Nur wußte sie inzwischen, als Mädchen, das nun Frau geworden war, daß es so gedacht war, daß es so sein sollte, daß ihre Erfüllung im Dienen lag. Und so diente sie. Sie fand immer neue Wege, sich dienstbar zu machen. Sie war der gute Geist, die Stille, die Vorbildliche. Sie schaffte, erledigte, setzte sich

31

ein und dachte nicht an sich selbst. Sie opferte sich auf, sie verneinte sich, sie ordnete sich ein, sie stellte ihre Bedürfnisse hinten an. Sie verausgabte sich, sie verzehrte sich.

So traf sie ihn. So hatte sie Hunger auf Nähe.

Manchmal meinte sie, daß sie eigentlich bald nicht mehr wissen würde, wer sie denn wirklich sei. Sie gab sich so hinein in die Bedürfnisse der anderen, daß sie ihre eigenen Bedürfnisse fast nur noch als Schuld erlebte, und diese Schuld ließ sie sich vergeben. So selbstsicher war sie doch noch, und damit nahm sie noch mehr auf sich. Aber jetzt war sie an den Rand gekommen. Sie konnte nicht mehr geben, weil sie nichts mehr hatte. Schon lange hatte sie etwas vergeben, das sie nicht hatte. Jetzt zerstörte sie das wenige, was sie noch hatte.

So traf sie ihn. So hoffte sie auf Leben.

Die Begegnung ist eine Begegnung ihrer Nöte. Seine Not schmiegt sich in ihre Not, und ihr Bedürfnis liegt in seinem Bedürfnis. Nichts trennt sie in ihren Augen. Die gegenseitige Abhängigkeit wächst von Minute zu Minute. In einem Feuerwerk der Liebe, so nennen sie es, gehen sie ineinander unter. Sie merken nicht, wie sie sich gegenseitig verzehren, wie sie aufbrennen. Von Tag zu Tag wachsen ihre Unfähigkeiten. Des einen Lebensfähigkeit hängt an dem Leben des andern. Beide saugen aus der Unfähigkeit des andern die eigene Lebensfähigkeit. Die Welt wird immer kleiner. Die Seelen schrumpfen gerade in dem Moment der geglaubten Erweiterung. Sie fallen in die Verengung wie in einen Abgrund und nennen es Liebe. Es gibt nichts, was sie miteinander erleben, das sie nicht Liebe nennen würden. Und wenn nicht ein Wunder geschieht, wird die Wirklichkeit sie einholen und zerstören. Sie werden nur noch aus Hunger bestehen, aus Hunger, den sie aber nicht mehr wahrnehmen dürfen. Dann werden ihre Augen leer sein.

32

Manchmal
wenn ich dich ansehe,
gibt es einen Moment,
da weiß ich nicht mehr,
wer ich bin.
Ich falle in dich hinein.

Du bist unendlich und anziehend.
Und gefährlich.

Dies ist ein Märchen,
durch das wir steigen,
und, ach, so willig
glauben wir es
und leben aus seinen verborgenen Kräften.
Edel und mutig
werden wir Riesen der Liebe.

Es ist nötig, dies zu glauben, Geliebter,
damit uns die Schatten,
die in jedem Märchen fallen,
nicht auslöschen,
wenn sie so erschreckend
und kalt nach uns greifen.

Die meisten meiner Freundinnen gehen aus, haben feste Freunde. Ich bin zwar 19, habe aber keinen festen Freund und meine auch, daß ich eigentlich keinen brauche. Meine Freundinnen können das kaum verstehen und machen mir immer wieder Mut, es doch auch mal zu versuchen. Aber ich merke, daß es mich nicht richtig interessiert, und ich habe auch das Empfinden, daß ich nicht reif genug für eine feste Freundschaft bin. Ich bin zwar ein wenig schüchtern, aber ich glaube, das hat damit wenig zu tun.

Meine Frage: Muß man denn mit 19 unbedingt einen festen Freund haben? Geht das nicht anders? Stimmt etwas mit mir nicht, daß ich ganz gut allein auskomme? Wie soll ich meinen Freundinnen begegnen?

Ulrike

Liebe Ulrike,

danke für Deinen offenen Brief. Ich habe schon oft von dem Druck gehört, unter dem Leute wie Du stehen. Übrigens geht später der Druck auch weiter. Es gibt immer viele Menschen, die scheinbar genau wissen, wie man leben sollte, und einem das auch sagen. Ich finde es gut, daß Du bisher diesem Druck nicht nachgegeben hast. Die Frage, die Du Dir immer wieder stellen solltest (und Du tust das ja auch in diesem Brief), ist: Was will ich denn? Du bist eben kein „Mitmacher", und dazu gratuliere ich Dir. Ich hoffe, daß Du stark bleibst und Deinen eigenen Lebensstil entwickelst und Dich nicht unterbuttern läßt durch die Mehrheit.

Ich halte das ganze Ausgehen, das Miteinandergehen für eine viel heiklere Sache, als man vielleicht gewöhnlich denkt. Ich glaube, daß gerade in diesen Jahren sehr viel kaputtgeht bei Jugendlichen, viele falsche Weichen gestellt werden, ungute Erwartungen geschürt werden, ja daß sich Menschen zur Liebesunfähigkeit erziehen. Ich möchte mal ein paar Gründe angeben, aus denen Menschen miteinander gehen und sich in festere Beziehungen einlassen.

1. Aus Flucht vor der Einsamkeit: *Wir haben fast alle Angst vor dem Alleinsein und brauchen darum jemanden, der bei uns ist, möglichst oft und sehr nah. Auch wenn das ein echtes Bedürfnis ist, haben wir doch nicht das Recht, einen anderen zu „gebrauchen", um dieses Alleinsein aufzuheben. Meistens findet sich aber auch*

jemand, der das gleiche Bedürfnis hat, und so „gebraucht" man sich gegenseitig.
2. Um so zu sein wie die anderen: *Die meisten Teenager scheinen einen Freund oder eine Freundin zu haben, und es ist schwer, anders zu sein. Aber auch hier „gebraucht" man den anderen wieder nur.*
3. Um Erfahrungen zu sammeln: *Wir meinen, wenn wir mit verschiedenen Menschen zusammen sind, dann lernen wir automatisch etwas. Zwar können wir aus jedem Erlebnis und aus jeder Begegnung lernen, wenn wir die richtige Einstellung haben, aber andererseits können wir durch gewisse Erlebnisse auch so verletzt werden, daß so manch einer dabei verkrüppelt und damit unfähig wird, später dann echt zu lieben und lieben zu lernen. Manche Erlebnisse sind schwer zu verarbeiten, besonders wenn sie im jungen Alter gemacht wurden.*
4. Um anzugeben: *Manch einer fühlt sich erst mit einer Freundin oder einem Freund vollwertig. Dann ist es oft nicht weit zu der Haltung: Seht mal, was ich mir geangelt habe!*
5. Um des Kitzels willen, *den man erlebt, wenn man mit jemandem des anderen Geschlechts zusammen ist. Natürlich ist das interessant. Aber wenn es dabei bleibt und man nicht an dem Verhältnis arbeitet, um es weiter auszubauen, dann spielen beide im Grunde nur eine Rolle und werden daran scheitern, besonders wenn einer von beiden aus der Rolle heraus will.*
6. Um sich selbst gut zu finden mit dem Eindruck, den man auf den andern macht. *Auch da „gebrauchen" wir wieder den anderen, um unserer eigenen Eitelkeit zu dienen.*
Diese sechs Gründe und noch so manche andere gefährden nicht nur das Verhältnis, sondern auch unsere Fähigkeit, wirklich lieben zu lernen. Und es bedarf schon einer gewissen Reife, um diese recht negativen Motive, die oft den Partner zu einem „Ding" erniedrigen, an sich zu merken und gegen sie anzugehen.
Sicherlich ist auch die ungeheuer hohe Scheidungsrate bei sehr jungen Ehen mit der Unwissenheit, was lieben eigentlich bedeutet, verbunden. Verliebt sein kann man mit zwölf, aber lieben lernen ist sehr viel schwerer und komplizierter.
Ich habe jetzt auf Deine Frage recht weit ausgeholt, aber ich glaube, diese Gedanken gehören alle zusammen. Du solltest darum ruhig warten, bis Du merkst, daß sich in Dir etwas tut, und nicht viel auf die Worte der anderen geben, wenn sie Dich in etwas hineinschubsen

38

wollen. Ich möchte Dir Mut machen, weiter allein zu sein und deswegen keine unguten Gefühle zu haben. Wenn Du jetzt lernst, mit Dir allein zu sein, mit Deinem Alleinsein recht umzugehen und das zu tun, was Du willst – und nicht was die andern Dir überstülpen wollen –, dann wirst Du fähiger sein, in ein festes Verhältnis einzutreten. Und zeige ruhig den anderen, daß Dein Leben auch ohne einen festen Freund reich und erfüllt sein kann.

Natürlich kann es auch sein, daß Du besonders schüchtern bist und Dich vielleicht zu sehr abkapselst. Aber das bedeutet ja dann nicht unbedingt, daß man deswegen eine feste Freundschaft eingehen muß, wie das Deine Freundinnen zu meinen scheinen. Kleine Gruppen, fünf, sechs oder sieben Leute, sind immer noch etwas sehr Schönes, und ich wünschte, mehr Jugendliche würden sich in dieser Art treffen und etwas gemeinsam unternehmen. In einer solchen Gruppe würdest Du sicherlich lernen, mehr aus Dir herauszugehen, ohne dabei gleich in eine Verantwortung zu geraten, die Dir vielleicht über den Kopf wüchse.

Insgesamt glaube ich, daß Du auf dem richtigen Weg bist, wenn Du nicht mitmachst, was die andern machen, und wenn Du Dir Zeit lassen willst mit diesen Entscheidungen.

Wenn du in mir
keine Fehler mehr siehst,
dann ist unsere Beziehung gefährdet.
Blindheit hat nie
wirklicher Liebe geholfen.

Du, sieh mich an.
Siehst du, wer ich bin?
Siehst du *mich* an
oder nur das Bild, das mich verdeckt?

Was interessiert dich wirklich?

Manchmal stört es mich,
daß du im Gespräch
so schnell das Thema wechselst,
gerade wenn es um tiefere Dinge geht.

Du springst einfach zu Unwichtigem,
als ob dich das andere gar nicht berührt hätte,
als ob dich langweilt,
was ich gerade gesagt habe.

Dann wird mir angst,
weil ich merke,
daß wir uns im Gespräch nicht treffen,
daß einer den andern
nur mit Gedanken und Gefühlen unterhält.
Auf die Dauer wird mir das zu wenig sein.

Wir werden flach, uninteressant,
uninteressiert und gelangweilt sein
und auseinandertreiben, weil wir die Tiefe,
die uns zusammenhalten könnte,
nicht erreicht haben.

Merkst du eigentlich noch etwas,
oder bist du auch auf all dem Lauten abgefahren?
Gibt es für dich auch nur noch
„schneller, größer, lauter"?

Bleib doch ein bißchen hier,
wo das Leise eine Chance hat.
Ich möchte sehen,
was noch alles in dir drinsteckt,
Das Vorsichtige, Verletzbare.

Häng dein Herz
doch ruhig in die Luft,
Laß mich dich sehen.
Ich werde dich wertschätzen
und nicht verlachen.

Wollen wir nicht einfach
heute mal die Worte loslassen
und mit Schweigen
ein tieferes Verstehen bauen?

Wenn dir das zu anstrengend ist,
(wie du sagst)
wenn ich ich bin,
wer sollte ich,
deinem Wunsch nach,
denn sein?

Du?

Ich bin nicht bereit,
zu deiner gespielten Oma
den Opa dazu zu markieren.

Ich habe noch tausend Jahre,
hundert Länder
Und eine Million Gedanken vor mir,

auch wenn ich morgen
schon sterben sollte.

Weil der andere mich verließ

Hilf mir festzustellen,
warum ich dich liebe.
Ich habe Angst,
daß ich dich nur liebe,
weil der andere mich verließ.

Als er ging,
nachdem ich mein ganzes Leben
auf ihn konzentriert hatte,
tat es schrecklich weh,
und eine Leere blieb zurück,
ein Gefühl, beraubt und beschämt zu sein.

Dann traf ich dich!
und unsere Liebe begann.
Aber jetzt habe ich Angst,
daß ich dich gebrauche,
um die Leere in mir zu überwinden.
Das wäre unfair dir gegenüber
und eine Katastrophe für uns beide.

Darum bitte ich dich um Zeit.
Laß mir die Freiheit, in mich zu gehen,
um festzustellen,
was die Motive meiner Handlungen sind.

Was ich alles würde

Wenn ich mehr Mut hätte,
würde ich dir sagen,
daß ich mich nicht sattsehen kann
an deinem Lächeln,
daß ich von deinen Händen träume,
daß ich jede Landschaft
mit vier Augen sehe,
daß ich dir von jedem Lied, das mir gefällt,
am liebsten gleich eine Cassettenaufnahme
machen würde,
daß ich mir gut vorstellen kann,
mit dir zu schweigen,
daß ich gern mit dir verrückt sein würde,
daß ich Gefühle in mir kennenlerne,
von deren Existenz ich vorher nichts wußte,
daß ich dir am liebsten
ein Gedicht schreiben würde.

Aber weil ich eben den Mut (noch) nicht habe,
lasse ich dies alles
und noch viel mehr
als Schwingungen zu dir hinziehen.

Du gehörst mir nicht

Du hast deine Seele
bei mir verloren.
Ich gebe sie dir wieder.
Es ist nicht gut,
daß sie mir gehört.
Nur bei dir
kann sie blühen.

Und auf ihr Blühen
freue ich mich.
Von hier aus
kann ich es am besten sehen.

Bleib bei dir.
So machst du mich reich.

He du,
mach dich doch nicht so zu,
du bist ja die reinste Festung.
Deine Eisengitter fallen mir auf die Finger.

Dabei will ich doch nur Kontakt aufnehmen,
deine Gegenwart erleben,
dir begegnen.

Ohne dein Vertrauen
werde ich nicht zu dir gelangen.
Du, ich bin *für* dich.

Auf power aus

... das sieht dann aus,
als ob du nur
auf power aus bist.

Aber du bist sehr clever.
Indem du nichts kannst,
hilflos bist,
oder wenigstens so tust,
müssen wir dir alle helfen,
und dann hast du
power über uns.

Aber alle,
die du so manipulierst,
werden dich eines Tages verlassen,
weil sie dich durchschauen.

Versuch es doch mit Liebe
und laß power los.

Rock-Videos, Fernsehliebe

Viel zu schnell
zieht das Leben an ihm vorbei.
Es ist ein Wettlauf.
Alles ist Leistung.
So armselig sieht er aus
gegen David Bowie und Michael Jackson,
gegen Culture Club und die Stones,
gegen Peter Schilling und die Eurhythmics
in ihren Größer-als-das-Leben-Videos.

Als ihm seine Unscheinbarkeit
fast unerträglich wird,
hängt er sich bei ihnen an,
erlebt Fernsehliebe, TV-Spannung,
Flimmerkastenfreiheit.

Die Welt wird zackig und kraftvoll.
Er taumelt in die Herrlichkeiten,
sieht sein Gesicht auf dem Bildschirm
und träumt, was er will.
Aber das Loch,
in das er fällt,
wird immer tiefer.

Schrumpfendes Herz

Manchmal denke ich,
daß du zu wichtig für mich wirst,
daß du mich davon abbringst,
wirklich ich selbst zu sein,
und daß du meine Beziehung zu Gott störst.

Auf ungute Weise lebst du zu stark in mir,
und damit höre ich auf,
dein Dialogpartner zu sein.
Ich bin zuviel du
und verdamme dich dadurch dazu,
Selbstgespräche zu führen.
Wenn du mit mir redest,
findest du nicht das Gegenüber,
das du brauchst.

So bin ich kleiner geworden
anstatt größer,
wie es in wirklicher Liebe
immer geschehen sollte.
Um dir meine Liebe zu beweisen,
habe ich dich meiner selbst beraubt.

Was ist mit unserer Liebe los,
wenn sie uns kleiner macht?

In einer Frühlingswiese

Ich bin gesegnet
mit einem Gefühl
überfließender Zuwendung
für dich.

Ich bin erhört worden
und habe eine Adresse
für meine Sehnsucht gefunden.

Ich bin ein Wanderer,
der eine Tür gefunden hat,
an die er klopfen will.

Auf kurze Zeit
legt sich meine Unruhe
in eine Frühlingswiese
und wartet auf nichts
als dich.

Unsere Körper

Auch wir haben Körper,
die leuchten, einander rufen
und Wege suchen, sich zu begegnen.
Haut hat Sehnsucht nach Haut.
Blut sucht Feuer.

Und doch dürfen wir sie nicht vorschicken
und überfordern.
Sie sind nicht stark genug,
die Wege für unsere Seelen zu ebnen.
Zu leicht ertrinken sie im Fleisch,
und wir gehen mit ihnen unter,
ohne es zu merken.

Mein Freund will mich immer anfassen, wenn wir zusammen sind. Er möchte mich an Stellen berühren, wo ich das nicht möchte. Er hat auch schon davon gesprochen, daß es wahrscheinlich schön wäre, mit mir zu schlafen. Manchmal denke ich, er ist nur an meinem Körper interessiert. Ich mag ihm nicht sagen, daß mich das stört. Ich möchte ihn nicht als Freund verlieren. Wie soll ich mich verhalten? Übrigens, wir sind beide achtzehn.

Sigrid

Liebe Sigrid,

Deine Frage ist sicherlich stellvertretend für viele gestellt. Ich möchte darum näher auf sie eingehen.
Viele meinen, lieben könnten wir ja doch eigentlich von Geburt an. Das glaube ich nicht. Wir sind zwar mit dem Wunsch geboren, zu lieben und geliebt zu werden, aber deshalb können wir es noch lange nicht automatisch. Den Wunsch brauchen wir natürlich nicht zu lernen (wie Du das ja auch bei Deinem Freund merkst), aber wie wir diesem Wunsch Ausdruck verleihen, müssen wir sehr wohl lernen. Das können und werden wir ein Leben lang üben.
Zuerst ist es wichtig, zu erkennen, daß Dein Freund ja eigentlich etwas Positives will: Er will seinem Gefühl Dir gegenüber, seiner Liebe für Dich, Ausdruck geben, indem er Dich berührt, und zwar da, wo es sonst keiner darf. Durch diese Berührung macht er Euer Verhältnis zu etwas Besonderem. Er hat ein Zärtlichkeitsbedürfnis, das Euch beide näher zueinander bringen kann, wenn Ihr empfindsam damit umgeht. Allerdings steht Ihr vor einem Problem, weil er diese Berührung als passend empfindet, während sich in Dir etwas dagegen sträubt. Es wäre darum sehr wichtig, daß Ihr ganz offen darüber redet. Tut das, ehe Ihr Euch über einander ärgert und verletzt seid.
Zu Euch beiden einzeln: Weil Du keine Einzelheiten geschrieben hast, werde ich versuchen, etwas zwischen den Zeilen zu lesen. Zunächst zu Deinem Freund: Es kann sein, daß er Gefahr läuft, sich auf diese Art des Liebesausdruckes zu fixieren, auch wenn Du es ihm nicht „erlaubst", sich so auszudrücken. Ganz praktisch bedeutet so eine Fixierung, daß er leicht phantasielos werden kann und sich keinen anderen Ausdruck mehr für seine Liebe einfallen läßt. Das wäre schade, weil sicherlich noch so manch anderer Ausdruck in ihm

57

drinsteckt. Die Übersexualisierung vieler Leute in unserer Gesellschaft ist vielleicht eine Art Phantasielosigkeit. Wir haben uns zu wenig andere Ausdrücke für unsere Liebe ausgedacht und erarbeitet. Daß so viele Verhältnisse so schnell und einfach im Bett enden, ist doch eigentlich langweilig. Aber an dem Punkt seid Ihr ja nicht, und doch werden auch gerade in Eurem Alter wichtige Entscheidungen getroffen, wie Ihr miteinander sein wollt. Und Eure Entscheidungen jetzt tragen maßgeblich zu der Art Eures späteren Miteinanderseins bei. Versuche darum doch mal, Deinen Freund herauszufordern, Dir auf andere Weise zu zeigen, was er für Dich empfindet. Damit wirst Du ihn herausfordern, sich selbst zu entdecken. Und dadurch werdet Ihr beide bereichert.

Du kannst natürlich auch „mitmachen", Dich ihm anpassen, seinen Wünschen nachgeben. Unendlich viele Mädchen (und natürlich auch Jungen) haben mitgemacht und sich dabei kaputtgemacht. Aber keine Freundschaft und erst recht keine Ehe kann darauf aufgebaut werden, daß der eine nur „mitmacht". Vergrabene und verheimlichte Gefühle kommen später irgendwann doch hoch und sind dann meistens sehr viel explosiver, als wenn man sie früher sofort besprochen hätte. Darum ist das Reden so wichtig. Jetzt. Weißt Du, er merkt es ja ohnehin, daß Du anders empfindest. Er merkt es, daß Du ihn abweist, aber wahrscheinlich versteht er es nicht. Er kann sich darum sehr leicht billig und gemein vorkommen. Und das willst Du im Grund doch gar nicht. Sein Wunsch „zu Dir zu kommen" muß nur den richtigen Ausdruck finden. Ihr wollt ja beide Liebe lernen und nicht Eure Liebesfähigkeit zerstören. Der richtige Ausdruck ist darum immer der, der Eurer Liebe zum Wachstum verhilft.

Denke bitte auch nicht, daß du prüde bist. Es ist wichtig, daß Du Dich nicht schlecht für Deine Empfindungen fühlst. Vielleicht kannst Du Deinem Freund noch nicht einmal klar erklären, was in Dir passiert. Aber wenn er Dich wirklich liebt und etwas mit Dir aufbauen will, dann wird er versuchen, Dich zu verstehen – auch da, wo Dir die Worte fehlen. Wenn Du merkst, daß er keinen Respekt vor Deiner Andersartigkeit und vor Deinen Entscheidungen hat, dann wäre zu überlegen, ob er Dich nicht doch nur mehr als ein Lustobjekt sieht. Doch auch wenn das so wäre, braucht die Freundschaft nicht zu Ende zu sein. Allerdings muß er es einsehen und darüber mit Deiner Hilfe hinauswachsen wollen. Hierzu noch ein Gedanke, der vielleicht

58

etwas fremd ist. Denke ihn einfach mal durch und überlege, ob er auf Euch paßt: Ich glaube, daß gerade in diesem Bereich Mädchen und Frauen rein instinktiv besser empfinden als Männer, was „richtig" oder „passend" für ihr Verhältnis ist. Ich finde es darum ganz natürlich, wenn Mädchen und Frauen hier die Führung übernehmen. Darum laß Dich nicht von den Ansprüchen Deines Freundes verleiten, gegen Dich selbst anzugehen. Wenn Du „mitmachst", wirst Du ihm zwar zunächst „entgegenkommen", und er wird Dir dankbar dafür sein, aber später wird Euer Verhältnis gerade dadurch ärmer sein. Gerade Deine Andersartigkeit – die sich darin ausdrückt, daß Du anders empfindest – ist dann verlorengegangen. Du hast Dich für ihn geopfert – und dabei Euch beide geopfert.

Im Grunde ist es darum einfach: Für Dich ist Euer Verhältnis nicht an dem Punkt, wo sein Ausdruck von Liebe passend ist. Wenn es aber für einen nicht an dem Punkt ist, ist es für beide nicht an dem Punkt.

Betrachte und werte es aber als Kompliment und als Zeichen seiner Liebe *zu Dir, wenn er zum Beispiel Deine Brust berühren möchte. Finde ihn nicht komisch, wenn er davon redet, mit Dir schlafen zu wollen. Dies ist einfach der Wunsch, Dir noch* näher *zu kommen. Und dieser Wunsch ist von Gott in uns hineingelegt worden. Aber sei trotzdem auch ebenso deutlich in Deiner Unterscheidung zwischen dem* Wunsch *einerseits und dem* Ausdruck *davon andererseits. Zeige ihm, daß er Deinem Empfinden nach den für Dich nicht passenden Ausdruck gewählt hat und damit Eure Liebe gefährdet. Versuche es ihm so zu sagen, daß er sich nicht schlecht vorkommen muß.*

Für Euch heißt Liebe lernen, *den anderen und auch sich selbst wirklich ernst zu nehmen in Wünschen, Empfindungen, Hemmungen, Ängsten und Sehnsüchten. Dann werdet Ihr auch den Weg finden, der Euch beide bereichert.*

Wir betrügen uns selbst,
wenn wir kühne Gedankensprünge machen,
aber überhaupt nicht vorhaben
zu leben, was wir begriffen haben.

Wir lügen uns in die eigene Tasche
mit all unseren Theorien,
wenn sie nicht zu einem Lebensstil werden.

Alles wäre deutlicher,
wenn wir bei unseren Gesprächen
sofort rot werden würden,
wenn wir schon planen,
nicht zu tun,
was wir glauben.

Sag's mir

Sieh dich als zu wertvoll an,
mir zu erlauben,
was du nicht wirklich willst.
Setze mir eine Grenze,
weil ich deine Grenzen kennenlernen möchte.
Ich will deine Ängste und Hoffnungen begreifen.

Vielleicht bist du empfindsamer,
und ich kann von dir lernen,
aber nur wenn du dich selbst achtest
und mich Respekt lehrst,
wo er mir fehlt
oder wo ich unachtsam bin.

Sag's mir,
weil ich dich nicht verletzen will,
indem ich dumm bin
und unempfindsam deinen Gefühlen
und Gedanken gegenüber.

Aber du mußt es mir sagen.

In unserer Beziehung spitzt sich alles zu.
Wir müssen eine Entscheidung treffen,
weil wir den Punkt erreichen,
an dem wir uns zerreißen würden,
wenn wir uns wieder trennten.
Wir haben uns so tief
miteinander eingelassen.

Ich will nicht
ein Stück aus dir herausreißen,
und ich will auch nicht
unheilbar verletzt werden,
wenn du gehst.
Darum müssen wir uns vorher entscheiden,
auch wenn es zu früh erscheint
und wir noch nicht wissen ...

Fragebogen 1

1. Bin ich von etwas weggelaufen
in diese Beziehung hinein?

2. Meine ich den andern Menschen ganz,
oder bin ich nur von einer Seite angezogen?

3. Gehe ich diese Beziehung ein,
um mir oder andern etwas zu beweisen?

4. Meine ich, der andere schulde mir Liebe?

5. Lerne ich mich selbst besser kennen
in dieser Beziehung?

6. Werde ich lebensfähiger durch diese Beziehung?
Lebensfähiger, auch wenn ich allein bin?

7. Baut meine Liebe die Selbständigkeit des andern
auf? Werde ich also immer weniger wichtig
zur Erfüllung des andern?

8. Weiche ich manchen Gedanken und Themen aus
im Gespräch mit dem andern?

9. Reden wir überhaupt genug?

10. Bin ich ich selbst, oder spiele ich eine Art Rolle?

11. Führe ich noch wirklich ein erfülltes Eigenleben,
auch ohne den andern?

12. Was suche ich in dieser Beziehung?

Gerade
wenn wir glücklich sind
und uns nichts mehr zu fehlen scheint,
möchte ich weggehen
aus deinen Armen,
aus dem Zimmer,
aus der Stadt
und dem Land,
aus den gewohnten Gedanken

und sehen,
was dann noch übrig bleibt
von dir,
von mir.

(Vielleicht ist das
der mittelalterliche Held in mir,
dessen Reise nicht zu Ende ist,
bis er den Schatz,
den Gral,
den Tod
gefun-
den
hat.)

Aus dieser Unruhe
will ich ein Haus bauen,
in das ich dich einladen kann.

Ich bin so tief enttäuscht

Die Enttäuschung

Ja, das Hoch des Verliebtseins ist kaum mehr als ein paar Monate durchzuhalten. Dann kommt die Enttäuschung. Das ist darum auch die zweite Phase, die ich identifizieren kann. Rückblickend habe ich schon manchmal gedacht, daß dies die Phase ist, wo uns die Wirklichkeit wieder einholt. Die ungeheure Intensität der ersten Zeit, dieses so ganz von dem anderen Besetzt-Sein, dieses sich so aufeinander Konzentrieren, hat ja doch auch etwas Unwirkliches an sich. (Damit will ich es nicht abwerten. Es ist nötig, daß wir so etwas noch fühlen können.) Es ist unwirklich, weil es über eine längere Zeit einfach auch eine Überforderung wäre. Es ist eine Zeit ohne Maß, manchmal ohne Grenzen und Verstand. Von Luft und Liebe kann man meistens nur eine begrenzte Zeit leben. Aber ich finde es ganz wichtig, daß wir auch mal von Luft und Liebe leben.
Je „höher" diese Zeit war, desto härter trifft uns dann die Enttäuschung, die irgendwann kommt. Darum gibt es auch so viele Beziehungen, die direkt aus der Verliebtheit in die Trennung führen. Manche können die Wirklichkeit nicht ertragen. Natürlich ist dies auch eine Zeit, in der man besonders verletzbar ist. Man hat sich so füreinander geöffnet, hat einander vertraut und sich so direkt mitgeteilt, hat auch gemeint, den andern zu kennen, und ist darum tief erschüttert, wenn der andere sich auf eine Weise verhält, die man nie erwartet hat. Wir kommen uns betrogen vor.
Oft kann sogar eine kleine Enttäuschung schon sehr schmerzhaft sein. Es ist dann nicht so sehr die Enttäuschung selbst, oder ihr Inhalt, sondern einfach zu erleben, *daß* der andere mich so enttäuscht. Von da ist es dann nicht mehr weit bis zum Beschuldigen und Anklagen, und daraus entsteht dann manchmal ein Voneinander-Abrücken. Die Distanz wird immer größer, und schließlich verliert man sich aus den Augen.

Aber was passiert denn überhaupt in dieser Enttäuschung? Wir müssen dazu noch einmal zurückgehen in die erste Phase. Wenn wir verliebt sind, projizieren wir viel. Wir legen etwas in den andern hinein, was nicht da ist. Wir sehen etwas im andern und er in uns, das mehr mit dem Sehenden zu tun hat als mit dem Gesehenen. Der Geliebte ist für den Liebenden einfach hübscher, intelligenter, liebenswürdiger, gewandter, freier, empfindsamer, gewitzter, gutmütiger und anziehender, als andere ihn vielleicht erleben. Und sicherlich ist das nicht nur alles Projektion. Der Liebende lockt ja gerade diese positiven Eigenschaften aus dem Geliebten hervor. Das ist ja der Zauber der Liebe. Darum staunen beide auch über sich selbst.

Und doch ist es unwirklich, weil es einseitig ist. Die schwierigen Eigenschaften zum Beispiel kommen weniger zur Sprache, wenn überhaupt. Wir projizieren das in den andern hinein, was wir gern in ihm sehen würden. Weil wir gern lieben wollen, bauen wir den andern so auf, daß wir ihn intensiv lieben können. Und wir selbst verhalten uns so, daß wir möglichst liebenswürdig sind, weil wir auch Grund geben wollen, intensiv geliebt zu werden.

Diese Bilder von uns selbst und vom andern aufrechtzuerhalten gelingt uns nur eine gewisse Zeit. Einer von beiden wird früher oder später aus dem Bild fallen. Die unterschlagene Seite wird wieder sichtbar werden. Das ist dann Grund zur tiefen Enttäuschung. Etwas zerbricht. Aber eigentlich ist es nur das einseitige Bild vom andern.

Es muß schon ein recht reifer Mensch sein, der diese Projektion zugibt, der sagen kann: „Ja, ich habe den andern verklärt gesehen." Die Menschen, die nicht so reif sind, lasten es dem anderen an. Dann heißt es: „Du hast mich enttäuscht. Du bist anders, als du bisher vorgegeben hast." Eigentlich sollte uns schon bei unserer eigenen Wortwahl etwas auffallen. Der andere hat uns ja einen guten Dienst getan, er hat uns ent-täuscht, uns aus einer Täuschung

68

herausgeholfen. Unser negatives Empfinden der Enttäuschung gegenüber scheint darauf hinzudeuten, daß wir lieber weiter getäuscht werden wollen.

Dies ist die Zeit der tiefen Verletzungen. Die Veränderung trifft die Liebenden wie ein Schlag. Beide haben es nicht für möglich gehalten. Man ist natürlich auch nicht nur über den andern enttäuscht, sondern auch über sich selbst. „Wie konnte mir das passieren? Warum habe ich mich so reinlegen lassen? Wo hatte ich nur meine Augen?"

Der Enttäuschte entdeckt meistens auch sehr schnell, daß er mit einer Täuschung über sich selbst gelebt hat. Hat er sich doch gerade erst monatelang besonders empfindsam und liebend erlebt, und jetzt fällt er so aus der Rolle, sagt Dinge, die er nicht meint, ist frech und ungehalten, wird geradezu kleinlich und häßlich. Und um nicht die Frage zu stellen: „Was ist mit mir passiert?", wird auch noch die eigene Veränderung dem andern angelastet. „Du machst mich so kleinlich!"

Ein inneres Sterben setzt ein. Auf diese Enttäuschung, dieses Getroffensein gibt es zwei Reaktionen. Für viele gehört diese Enttäuschung einfach nicht zur Liebe. Sicherlich hat das mit dem Bild, das uns unsere Kultur über Liebe vermittelt, zu tun. Zur Liebe gehören Worte wie: romantisch, spontan, glücklich, frisch, lachend und zauberhaft, eben die Inhalte der ersten Phase, nicht aber Worte wie: Schmerz, Arbeit, schwer, notvoll, müde, eben die Worte der zweiten Phase. Und weil wir diese Worte und die damit verbundenen Erlebnisse einfach nicht annehmen wollen, machen wir Schluß. Der andere ist zu anstrengend.

Aber kaum einer will ohne Liebe leben, und so geht nach dieser Enttäuschung dann die Suche los nach einem neuen Menschen, mit dem man die erste Phase noch einmal wiederholen kann. Nach ein paar harten Auseinandersetzungen meint man „mit Recht" den andern verlassen zu können. Es klappt einfach nicht! Wir passen nicht zusammen!

Und weil die Welt voll von Enttäuschten in der Liebe ist, findet sich wahrscheinlich auch bald jemand, der besser zu uns „paßt", und wir wiederholen die erste Phase, ohne uns dies natürlich einzugestehen.

Ich will damit nicht sagen, daß es keine Gründe gäbe, eine Beziehung abzubrechen. Die gibt es sicherlich. Aber wir müssen untersuchen, ob wir es tun, weil wir ein zu einseitiges Bild von dem „Glück der Liebe" haben. Vielleicht suchen wir ja nur Bestätigung und nicht auch Herausforderung. Vielleicht wünschen wir uns einen Jasager als Partner, nicht ein Gegenüber. Ich bin immer wieder überzeugt, daß gerade die Menschen aufeinander zugehen, die voneinander lernen können. Also, die Person, die mir gefällt, die ich anziehend finde, hat gerade das, was mir in meiner Persönlichkeit fehlt. Aber das kommt in der verliebten Phase nicht so zum Vorschein, sondern erst in dem Durcharbeiten der Enttäuschung. Ihn dann zu verlassen, das könnte heißen, daß ich mir selbst meine Entwicklung abschneide. An der Stelle lerne ich dann nicht und bleibe unreif. In der neuen Beziehung werde ich genau diese Stelle wieder erreichen, außer ich suche mir schon gleich eine Person, die mir kein Gegenüber ist. Wenn sich dieser Ablauf öfter wiederholt, kann eine noch viel tiefere Enttäuschung eintreten. Manchmal wird daraus dann eine Bitterkeit und ein Zynismus und ein Verzweifeln an der Liebe selbst. Dies ist ein gefährlicher Zustand, weil die Voreingenommenheit gegen die Liebe, bei allem Wunsch nach Liebe, die Liebesbegegnung fast unmöglich macht.

Die andere Reaktion auf die Enttäuschung ist das Durcharbeiten. Der Enttäuschte erweitert sein Verständnis von der Liebe. Er schließt mehr mit ein, und dazu gehört dann eben auch die Enttäuschung. Diese Zeit ist häufig ein Schweben zwischen dem Verletztwerden und erneutem Vertrauen, zwischen Unverständnis und einem tieferen Durchblick, zwischen Ärger und Begreifen.

70

Wenn die Liebe stirbt

Ich weiß nicht weiter.
Mir ist schlecht.
In mir hat sich ein Loch aufgetan,
und ich falle hinein:
in die Entleerung und Sinnlosigkeit.

Ich habe dich geliebt,
wirklich geliebt,
und jetzt ...
spüre ich diese Leere dir gegenüber.
Manchmal bist du mir egal.

Ich schäme mich vor mir selber.
Ich erinnere mich dann
an alle die Worte, die ich dir gesagt habe,
all das Zugewandte, das Herzliche,
das tief Erlebte.
In mir stehen Bilder auf,
und ich denke an Zeiten,
in denen wir ein Herz und eine Seele waren:
Wanderungen, gemeinsam gelesene Bücher,
Gespräche, Momente des Schweigens.
Da war ich dir nah.
Da war die Zeit aufgehoben.
Da war ich stark und meine Liebe noch stärker.
Da wußte ich,
daß ich dich immer lieben würde.
Da war meine Liebe bedingungslos.

Jetzt ist es so anders.
Ich bin betroffen von meiner Liebesunfähigkeit.
Ich zweifle, daß es überhaupt Liebe gibt.
Ich bin von mir selbst enttäuscht.

Ich mag dich noch genug,
daß du mir leid tust
wegen dieser Kälte,
die du ja sicherlich an mir spürst.
Aber ich weiß auch,
daß Mitleid und Liebe
nicht verwechselt werden dürfen.
Wie wird es weitergehen mit uns?

Wenn du es jetzt
nicht aushalten kannst,
daß wir getrennt sind,

wirst du es später
nicht aushalten können,
daß wir zusammen sind.

Ich will deinen Kuß nicht

Ich will deinen Kuß nicht,
wenn ich spüre,
daß du damit aus dem Gespräch
fliehen willst.

Deine Zärtlichkeit ist dann
nicht Sprachlosigkeit,
sondern Sprachangst
und manchmal Sprachfaulheit.

Um nicht zu sagen
was *ich* will,
frage ich dich,
was *du* willst.
So manipuliere ich dich
und erwarte, daß du dich zeigst,
wenn ich selbst es nicht will.

Wenn du dich dann verweigerst,
ziehe ich mich verteidigend
hinter die Worte zurück:
„Ich habe dich doch gefragt.
Was willst du denn mehr?"

Warum sagt die Bibel nicht mehr Konkretes aus über den Umgang zwischen Junge und Mädchen, Mann und Frau? Haben die Leute damals nicht so viele Schwierigkeiten mit Freundschaft, Sexualität usw. gehabt? Manchmal frage ich mich, warum das alles so kompliziert ist und warum Gott uns da nicht mehr hilft. Er muß doch wissen, wie schwer das alles zu verstehen ist.

Klaus

Lieber Klaus,

ich verstehe Deine Frage gut. Auch ich habe schon manchmal durch die Bibel geblättert und Konkordanzen gewälzt, um direktere Antworten auf manche Fragen zu finden. Die Bibel sagt nicht viel darüber. Aber wärest Du wirklich zufriedener, wenn Du einen Katalog vorgesetzt bekämst, in dem stünde, was wann mit wem erlaubt wäre? – Das könnte dann vielleicht so aussehen:

Brief des Paulus an die Gemeinde in Pergamon:
„Ich habe gehört, daß ihr Schwierigkeiten mit euren jungen Leuten habt in bezug auf Freundschaft, Liebe, Sexualität und Ehe. Eure Situation ist die, in der sich die meisten Gemeinden befinden. Weil es allerhand Unklarheiten zu geben scheint, möchte ich euch einige Regeln mitteilen, die ihr euren jungen Leuten weitergeben könnt. Ihr werdet sie damit vor mancher Gefahr bewahren.
1. Keiner soll ernstlich vor seinem 20. Geburtstag an einen anderen Menschen als potentiellen Ehepartner denken.
2. „Miteinander Ausgehen" ist erst ab 20 erlaubt.
3. Die ersten zehn Verabredungen sind nur im Dabeisein einer älteren Person durchzuführen.
4. Ab dem elften Mal ist ein Kuß erlaubt. Der erste Kuß sollte jedoch auf die Hand oder Wange gegeben werden. Ein Kuß auf den Mund ist erst später erlaubt.
5. Das Paar sollte nie länger als bis 23 Uhr zusammen sein, außer in Gesellschaft anderer.
6. Der Austausch über intime oder zutiefst persönliche Fragen und Überlegungen sollte vermieden werden. Diese Art von Austausch stellt eine Bindung her, zu der sich das Paar noch nicht offiziell entschlossen hat.

78

7. Nach frühstens sechs und spätestens zwölf Monaten sollte sich das Paar entweder verloben oder trennen.
8. Auch während der Verlobungszeit, die nicht länger als ein Jahr dauern sollte, sollte das Paar möglichst wenig Zeit ganz allein zusammen sein.
9. Intime Küsse sowie das Berühren gewisser Körperteile sind erst erlaubt, wenn das Hochzeitsdatum festgelegt worden ist und die ersten Vorbereitungen angelaufen sind."

Und so könnte der Katalog weiterlaufen, mehr oder weniger ausführlich. Am Ende hieße es dann vielleicht noch: Ein Brechen dieser Regeln sollte als ernstes Vergehen gegen gemeindliche und geistliche Prinzipien angesehen werden.
Aber wir finden keine solche Liste, und sie würde auch nicht zu Jesus, Paulus und dem Neuen Testament passen. Würdest Du das nicht als unwürdiges Bevormunden empfinden?
Ein Hauptmerkmal des Neuen Testamentes ist die Betonung der Freiheit. Es ist immer wieder von Grundhaltungen und Einstellungen die Rede, nicht so stark von Gesetzen und schon gar nicht von Gesetzchen. Es geht nicht darum, stur die Regeln um der Regeln willen einzuhalten, sondern darum, so zu handeln, daß wirklich Leben entsteht und sich entfalten kann. Und da, wo Regeln falsch verstanden werden (und das passiert sehr schnell), sind sie nicht lebensfördernd, sondern drosseln das Leben ab. Wo wir uns auf Gott und ein lebendiges Leben mit ihm konzentrieren, wächst in uns ein inneres Gesetz, das uns nicht einengt, sondern befreit. Gott will uns nicht an Regeln binden, sondern an sich selbst. Nicht das Gesetz soll über alles gehen, sondern er selbst. Wenn wir uns so auf ihn konzentrieren, handeln wir nicht mehr nach Regeln (auch wo das nach außen so aussehen mag), sondern nach dem, was Jesus in uns hineinlegt. Wir haben dann verinnerlicht, was sonst nur durch Regeln von außen an uns herangetragen wurde. Durch die Nähe zu Gott, unsere Beziehung zu ihm und durch den Wunsch, lebensspendend auf unsere Umwelt zu wirken, tun wir dann das „Richtige". Das ist zwar kompliziert, hält aber wirklich stand und bereichert uns ungeheuer. Regeln können uns so leicht verführen (auch in unserem Glauben), nie wirklich erwachsen zu werden. Es gibt immer Möglichkeiten, sich irgendwie auch ohne Schuldgefühle an Regeln vorbeizuschleichen.

Regeln werden oft wichtiger als die Menschen, für die sie geschaffen wurden. Wenn wir uns nur nach Regeln ausrichten, laufen wir Gefahr, in einer bloßen „Morallehre" steckenzubleiben. Und das hat wenig mit dem Leben Jesu und seiner Botschaft zu tun.
Dies sind ein paar Gründe dafür, warum wir uns immer wieder Gedanken machen müssen, was es wohl heißt, wenn Jesus sagt: „Ich gebiete euch, daß ihr euch untereinander liebt" (Johannes 15,17). Dieses Gebot von vor 2000 Jahren besteht auch heute, aber wir werden immer wieder gefordert, es neu zu interpretieren und anzuwenden. Keine Generation, keine Gruppe, keine Zeit kann es für die andere festlegen. Kein Mensch kann es bis in Einzelheiten für den anderen festlegen. Die Verantwortung für unser Verhalten sollen wir vor Gott selber tragen. Was in einer Situation lieblos sein kann, mag es in einer anderen nicht sein.
Das ist beängstigend – aber auch befreiend. Soviel Freiheit wollen wir manchmal gar nicht. Aber Gott traut Dir und mir zu, daß wir das schaffen. Er vertraut uns.

Versuche doch mal,
nichts zu tun,
um mir zu gefallen.

Mach doch,
was die andern alle
nicht können:

einfach sein,
bei dir sein,
bei mir sein.

Fixiert

Du bist auf mich fixiert.
Alle anderen sind überflüssig.
Du willst nur mich.

Ich merke deinen Zugriff.
Ich spüre deine Ausschließlichkeit.
Ich erlebe die Einengung.

Deine früheren Freunde
sind dir unwichtig geworden.
Du investierst nichts
in die Begegnung mit meinen Freunden.
Du versuchst nicht,
neue Bekanntschaften zu machen.

Ich kann dir nicht alles sein.
Ich will dir nicht alles sein.
Ich habe meine Begrenzungen
und werde manche deiner Bedürfnisse
nicht abdecken können.
Ich wehre mich
gegen so viele Erwartungen.

Wir brauchen andere,
um unsere Zweierbeziehung
reich und erfüllt zu erleben.

In meiner Freundschaft fühle ich mich oft unter Druck, anders zu sein, als ich bin. Mein Freund hat dauernd Vorschläge, wie ich sein sollte, was ich tun sollte, wie ich aussehen sollte. Langsam habe ich das Empfinden, daß er eigentlich gar nicht mich meint, sondern immer von einem Bild ausgeht, in das er mich verändern möchte. Früher war unsere Beziehung nicht so. Er schien zufriedener mit mir zu sein. Jetzt kann er manchmal schon richtig meckern. Ich weiß nicht, was ich tun kann.

Anja

Liebe Anja,

was Du beschreibst, ist ein Problem, an dem wir wohl fast alle leiden. Wir nehmen einander nicht wirklich an. Wir machen uns ein Bild vom andern, und verlieben uns in das Bild. Oft ist dieses Bild durch zweifelhafte gesellschaftliche „Werte" geprägt. „Werte", die wir oft im Fernsehen, in der Werbung vorgesetzt bekommen. Wenn der andere dann nicht so ist wie das Bild, sind wir enttäuscht und versuchen, ihn wieder zu dem Bild hin zu bugsieren. Das ist vermutlich das, was Du jetzt erlebst. Diesen Ablauf gibt es nicht nur in Liebesbeziehungen zwischen Jungen und Mädchen, sondern in fast jeder Beziehung. Wir halten an einem Bild fest. Wir machen uns ein Bildnis.
Bei Deinem Freund scheint es ein wenig stärker zu sein als üblich. Vielleicht hat er ein starkes Sicherheitsbedürfnis und möchte eine Freundin haben, die sich so verhält, wie er es sich vorstellt.
Ich vermute, daß Ihr noch nicht einmal verlobt seid, und da wäre die Frage wirklich angebracht, warum Dein Freund dann mit Dir sein will, wenn er so viel an Dir auszusetzen hat. Wenn er das jetzt schon tut, ist zu vermuten, daß es später in Eurem Verhältnis noch zunimmt. Ich kann Dir nur raten, zu Dir zu stehen und Dich nicht zu verändern, um ihm zu gefallen. Du kannst seinem Druck nicht nachgeben, sonst spielt Ihr Euch auf diese Rollen ein und werdet Euch, Du besonders, viel Frustration einhandeln. Dein Freund muß Dich so lieben, wie Du bist.
Das heißt nicht, daß wir uns nicht verändern sollen, aber erst kommt das Angenommensein, und gerade das ermöglicht es uns ja, uns zu verändern. Bei Euch scheint es andersherum zu laufen. Er will Dich erst verändern und dann lieben. Er spekuliert schon auf eine

84

veränderte Freundin. Wenn das so ist, so ist das eine tiefe Respektlosigkeit, und ich würde es ganz offen ins Gespräch bringen: Liebst Du mich so, wie ich bin, oder erst, wenn Du mich umprogrammiert hast? Es gibt sehr viele Beziehungen, in denen einer oder beide unter einem Leistungsdruck stehen. Man muß etwas in gewisser Weise tun, damit der andere zufrieden ist. Dieser Druck zerstört die Liebe zwischen zwei Menschen. Auch wenn es zuerst so aussehen mag, als ob man durch das Anpassen, Nachgeben eine größere Harmonie herstelle. Nicht zu sich stehen zerstört auch das Gefühl des eigenen Wertes. Es staut sich etwas an, und meistens gibt es dann einen Ausbruch, weil wir es auf die Dauer nicht ertragen, uns von uns selbst zu entfremden. Es ist darum sehr wichtig, festzustellen, was Dein Freund will. Will er vielleicht eine Modepuppe oder eine Freundin zum Vorzeigen und Angeben (so nach dem Motto: Seht mal, was ich aufgegabelt habe!)? Oder will er Dich kennen- und liebenlernen? Will er jemanden, der seinen Willen tut, oder ein Gegenüber?

Viele Mädchen sehen diese Art Verhältnis als Herausforderung an. Sie denken, ihnen wird glücken, was den anderen Mädchen nicht geglückt ist: Sie werden dem jungen Mann etwas zu bieten haben, sie werden seine Wünsche erfüllen, sie werden es den anderen schon zeigen. Das ist ein sehr zweifelhafter Start: Man beginnt nicht in erster Linie mit Liebe, sondern mit einem Beweisen-Müssen. Und oft merken sie erst später, daß sie sich „verschenkt" haben, nicht zu sich gestanden haben. Dann ist es schwer, aus der Rolle auszubrechen. Es ist darum wichtig, früh in einer Beziehung festzustellen, auf welcher Grundlage sie steht. Das geht am besten durch ein Gespräch, in dem Du offen sagst, was Du empfindest. Versuche Deinem Freund kein schlechtes Gewissen zu machen, aber rede direkt und mache ihm klar, daß Du nicht unter diesem Leistungsdruck leben willst. Vielleicht hat er sein Verhalten noch gar nicht durchreflektiert und braucht diese Begegnung mit Dir, um sich selbst kennenzulernen. Und stehe zu Dir, das ist das beste Geschenk, das Du ihm machen kannst.

Ich merke

... wie du einfach nicht nachgibst
und *alles immer* besser weißt

... wie du *immer* Gedanken anfängst
und sie dann nicht fertig machst

... wie du einfach *keine* Anstalten machst,
daß wir wieder ins Gespräch kommen

... wie du mich *überhaupt nicht*
verstehen willst

... wie du *nie* an meinen Gedanken interessiert bist
und mich *nichts* fragst

... wie du *nichts* zurücknimmst,
auch wenn ich dir beweise, wie falsch es war

... wie du mich *meistens* unterbrichst
und *alles* abstreitest

...wie du *gar nicht* darauf achtest,
was mir fehlt

Du merkst nicht

... wie ich *keine* Mühe scheue,
dich froh zu machen

... wie ich *ganz* frei und offen
mit dir rede

... wie ich *nie* darauf aus bin,
mir das Leben leichtzumachen

... wie ich *überhaupt* nicht will,
daß du mit mir übereinstimmst

... wie ich *immer* der erste bin,
der nach dem Streit das Gespräch wieder aufnimmt

... wie ich *alles* dransetze,
daß wir innerlich weiterkommen

... wie ich dich *niemals* enttäusche,
außer wenn es *wirklich* nötig ist

... wie *jeder* das genauso sieht
wie ich

Ich könnte dir sagen,
daß ich dich liebe,
daß es schwer ist ohne dich.
Ich könnte dir allerhand vormachen
mit Beteuerungen und Beweisen.

Aber dafür
liebe ich dich denn
doch noch zu sehr.

Was sie mit seinem Blick macht

Alles lag in seinem Blick. Er legte alles in seinen Blick. Direkte Ablehnung getraute er sich nicht. Dafür war seine Kinderstube zu gut und durchgreifend gewesen. Er sagte nichts, sondern drückte es mit seinen Augen aus, weil er wußte, daß jeder Blick gedeutet werden muß, und er darum nicht zu seinem Blick stehen mußte, wenn er nicht wollte. Er konnte ihr immer sagen: Du hast meinen Blick falsch gedeutet, auch wenn sie ihn richtig gedeutet hatte. Er sagte nichts. Er berührte sie nicht. Er legte das Gift und die Zerstörung in die Augen. Er machte das Blau der Iris kälter, das Loch der Pupille kleiner. Die Härte und Ablehnung lagen in der Verkleinerung.

Es war ein Blick des Unglaubens.
Es war ein Blick des Nicht-Mutmachens.
Es war ein Blick des Nicht-Vertrauens.
Es war ein Blick der Geringschätzung.
Es war ein Blick der Abwertung.
Es war ein Blick des Nicht-Ernstnehmens.
Es war ein Blick der inneren Trennung.
Er löschte sie mit seinem Blick aus.

Aber irgendwo in ihm erschrak etwas, und in Sekunden erhellte sich der Blick, wurde freundlich. Aber dies geschah nicht, weil er sie anders sah, sondern weil er über sich erschrocken war. Der neue, freundliche Blick war ein Zudecken.
Und sie? Sie zog es vor, nichts gemerkt zu haben. Zwar brach tief in ihr etwas, aber das veränderte sie nicht, oder nur unmerklich. Es war zu wenig, um es wahrzunehmen, und darum würde es morgen wieder passieren und übermorgen vielleicht gleich sogar zweimal. Und nächstes Jahr würde es vielleicht noch häufiger passieren, und wenn sie erstmal verheiratet wären, das war noch nicht sicher, aber

90

im Augenblick sprach nicht viel dagegen, dann würde es noch häufiger passieren, weil er dann nichts mehr zu verlieren hätte.

Es gab eine Ecke in ihr, die das alles wußte, aber sie hatte den Kontakt zu dieser Ecke verloren.

Jetzt steht nichts zwischen ihr und der Katastrophe der Zukunft. Eilig kommt es auf sie zu: dieses nichts gelten, nichts können, nichts sein. Was sie retten könnte, wäre zu begreifen, was er jetzt, JETZT, mit ihr macht, was sie mit sich machen läßt, was sie letztlich selbst mit sich macht.

Sie opfert die Liebe zu sich selbst der Liebe zu ihm und haßt ihn damit.

Und wenn es erst ganz passiert ist, wenn sich die Ringe um sie geschlossen haben, eisern und fest, dann wird sie aus der Not eine Rolle machen. Sie wird ihre Abhängigkeit loben. Sie wird der Frau einen ganz gewissen Platz in der Gesellschaft zuweisen, und er wird ihrem ähneln. Sie wird von Demut reden, aber Unterwürfigkeit leben. Sie wird Angst haben, es aber Vorsicht nennen. Sie wird sich einreden, daß ihre Ehe gut sei, und sich das und alles andere glauben, um es noch aushalten zu können. Sie wird sich dabei mehr und mehr verlieren, es aber Gewinn nennen und den Himmel dafür erwarten.

Er wird sich fragen, warum er sie fast als Luft erlebt, so ohne Widerstand, so gar nicht als Gegenüber. Aber es wird ihm nicht leid tun, und er wird sich glücklich schätzen, eine Frau zu haben, die so auf ihn hört, die ihm so wenig Schwierigkeiten macht, ganz im Gegensatz zu den Frauen anderer Männer.

Und scheiden werden sie sich nicht lassen, weil es eigentlich keinen Grund dafür gibt.

Aber das liegt ja alles in der weiten Zukunft. Wer will sich jetzt damit beschäftigen?

Und doch passiert es alles jetzt. JETZT. Es läuft in diesem Augenblick ab. Wie sie seinen Blick annimmt, wie sie kauert, wie sie einen Millimeter kleiner wird. Wie lieb sie ist! Wie lieb! Wie sie ihm seine Wünsche von den Augen abliest. Wie sie die Krise meistert und sich das Weinen verkneift und bald schon nicht mehr das Bedürfnis hat zu weinen. Wie stolz sie auf ihn ist und sich deswegen erwachsen fühlt. Wie sie, wie sie, wie sie ...

Dann möchte ich ihr zurufen:
Achte auf seine Kälte!
Spiegele seine Abweisung.
Erinnere dich an deinen Wert.
Verweigere dich aus Liebe zu ihm.
Fordere ihn auf, sich selbst kennenzulernen.
Glaube nicht, daß es später anders sein wird
als jetzt, wenn du dich jetzt nicht meldest.

Eben hat er dich angesehen. Merke etwas. Öffne die Augen.
Besser jetzt die Angst als später die Gefühllosigkeit.
Nichts reicht so tief wie der Anfang.

Mein Freund hat sich nach über einem Jahr Freundschaft von mir getrennt. Es hat mich unheimlich hart getroffen. Ich hätte mir am liebsten etwas angetan, um ihm zu zeigen, wie sehr er mich verletzt hat. Jetzt will ich ihn nur vergessen. Aber wie kann ich das am besten?

Antje

Liebe Antje,

ich glaube, daß viele Leute gerade aus Vergeßlichkeit die gleichen Fehler immer wieder machen. Wenn eine Beziehung auseinandergeht, ist oft etwas falsch gemacht worden, oder einer der beiden oder auch beide haben sich unreif verhalten. Vielleicht hat der eine den andern zu stark besessen oder hatte Angst, sich zu binden. Leider trennen sich dann bei solchen Schwierigkeiten die meisten, anstatt die Probleme im Gespräch durchzuarbeiten. Daraus kommt dann die Haltung, alles Gewesene so schnell wie möglich vergessen zu wollen. Aber es wäre ganz wichtig, festzustellen, warum es nicht geklappt hat, was die Gründe sind und was man in Zukunft darum anders machen könnte. Die beiden wissen also hinterher oft nicht mehr als zur Zeit ihrer Trennung. Sie schleppen das unverarbeitete Verhältnis mit sich herum, sind unfrei, eine neue Beziehung einzugehen, und machen vielleicht den gleichen Fehler, wenn sie doch wieder eine Beziehung eingehen. Darum frage ich Dich, Antje, warum Du Deinen Freund so schnell vergessen willst. Klar, es war schwer, und Du bist verletzt. Aber willst Du nicht etwas aus der ganzen Sache lernen? Ich glaube eigentlich auch nicht, daß Du ihn wirklich vergessen kannst, wenn Du das Gewesene nicht wirklich durcharbeitest. Euer Verhältnis wird Dich immer wieder hinterrücks überfallen, es wird immer wieder ganz plötzlich dastehen. Darum versuche, es doch durchzuarbeiten. Vielleicht kannst Du Dir dazu jemand anders holen, der Dir dabei hilft. Vielleicht jemand, der älter ist als Du und dem Du Reife abspürst. Es kann natürlich auch sein, daß Du Angst hast, beim Durcharbeiten auf etwas zu stoßen, was Du ändern solltest. Hast Du vielleicht Angst, Fehler an Dir zu entdecken oder eine Unreife, aus der Du nicht hinauswachsen willst? Die Fragen solltest Du Dir beantworten.

94

Weil du vor mir fliehst,
anstatt mir wirklich und tief zu begegnen,
werden alle deine Wege
Fluchtwege sein,
und ich werde
am Ende eines jeden Weges stehen.

Auch wenn du von mir los willst,
kannst du es letztlich nur,
wenn du mir begegnest.
Die Schuldgefühle jeder unklaren Trennung
verbinden wie dicke Stricke.

Ich habe meinen Freund verloren. Ein anderes Mädchen ist in unserer Gruppe aufgetaucht. Zugegeben, sie ist hübscher, allerdings ein bißchen aufgemacht. Er geht jetzt mit ihr aus. Mich hat das ganz schön getroffen, besonders weil wir schon eine Zeitlang ausgegangen sind. Dann habe ich mich geärgert und versucht, ihn zurückzugewinnen. Nachher habe ich mich unheimlich elend gefühlt. Am liebsten wäre ich gestorben. Das ist jetzt zwei Wochen her, und es geht mir etwas besser. Aber ich merke, wie ich am liebsten ganz schnell wieder einen Freund hätte. Wäre das gut? Was kann ich tun?

Claudia

Liebe Claudia,

freu Dich, daß Du ihn los bist! Das ist meine erste Reaktion. Wenn er so ein Typ ist, der gleich auf eine neue Blume zufliegt und einfach zu vergessen scheint, was zwischen Euch ist, dann hast Du an ihm nicht viel verloren. Das muß ja fast wie ein Tauziehen gewesen sein, als Du ihn zurückgewinnen wolltest.
Ich möchte versuchen, zwischen Deinen Zeilen zu lesen. Es hört sich an, als ob Du Deinem Ex-Freund eine Rolle zugeschoben hast, die eigentlich keinem Menschen zukommt: Du hast Dein Selbstwertgefühl so von ihm abhängig gemacht, daß Du am liebsten sterben würdest, wenn er sich von Dir zurückzieht. Das ist gefährlich. Menschen enttäuschen uns früher oder später immer. Jetzt, wo Du keinen Freund hast, ist für Dich eine ideale Chance gegeben, Dir Gedanken zu machen, woher Dein Wert eigentlich kommt. Doch sicherlich nicht daher, weil ein Typ wie Dein Freund Dich gut fand. Dein Wert besteht darin, daß Du einmalig bist, daß Gott Dich liebt. Das ist viel mehr, als von einem Jungen geliebt zu werden. Ich weiß, daß das nicht besonders praktisch ist und daß man das nur in seltenen Fällen so stark spürt wie die Liebe eines Menschen, aber nachdenkenswert ist es doch. Versuch es mal!
Wenn Du jetzt besonders schnell wieder ein Verhältnis eingehen möchtest, dann hat das mit dieser Sache zu tun. Deswegen warte noch ein wenig, laß Dir Zeit zum Überlegen. Sicherlich wirst Du sonst falsch wählen und vielleicht wieder sehr schnell enttäuscht werden. Natürlich fühlst Du jetzt eine Leere in Dir. Aber die kannst Du letztlich nicht mit einem Menschen ausfüllen. Du kannst nicht den

96

anderen gebrauchen, *um Dir wieder ein gutes Gefühl zu verschaffen. Das wäre ein schlechter Start. Sag Dir doch einfach: Ich brauche niemand! Gott liebt mich! Ich schaffe es allein! Du kannst doch mit den Leuten in Deiner Gruppe zusammen sein, ohne gleich wieder einen festen Freund zu haben. Ich glaube, es wäre für Dich ein reicheres Leben: An jedem (Junge oder Mädchen) kannst Du etwas finden, was Dein Leben bereichert. Heiraten willst Du wahrscheinlich sowieso noch nicht, warum willst Du Dich dann so fest binden? Genieße Deine Freiheit. Laß Dir Zeit und entdecke Dich. Vielleicht wirst Du Einsamkeit erleben, die Dir zuerst angst macht. Aber versuch, auszuhalten und diese Einsamkeit intensiv zu erleben. Wo wir Einsamkeit wirklich bejahend erleben, macht sie uns fähiger, in Gemeinschaft mit anderen und auch ganz besonders mit einem anderen Menschen zu leben. Wenn Du also jetzt erst einmal allein bleibst, arbeitest Du ganz handfest an einem Verhältnis, das Du sicherlich in der Zukunft eingehen wirst. Du bereitest Dich vor! In der Einsamkeit wirst Du Dich ganz anders erleben, und Du wirst merken, daß Du interessant bist und eigentlich niemand brauchst, der Dir das sagt. Du wirst es in Dir spüren! Vielleicht hast Du Dich ja auch nur mit Deinem letzten Freund eingelassen, weil Du wolltest, daß Dir jemand ein Wertgefühl gibt. Das ist gefährlich. Was Du in Dir finden mußt, darfst Du nicht von anderen erwarten.*
Ich würde Dir also raten, zu warten und bei Deinem nächsten Verhältnis zu überlegen, warum Du Dich überhaupt in eine Beziehung einläßt, was Du erwartest, was Du Dir wünschst. Das wird auch die Beziehung bestimmen.

Meine Worte sind hart!
Du bist weit weg,
sonst würdest du merken,
daß ich in aller Härte zittere.

Ich winke ab, wenn du etwas sagst!
Wärst du mir näher,
würdest du merken, daß ich versuche,
mir selbst das Reden zu verbieten.

Mein Denken zerschneidet alle Erklärungen!
Wenn du neben mir ständest,
würdest du merken,
daß ich Sehnsucht nach meinen Gefühlen habe
und am liebsten vor meinem Denken davonliefe.

Ich spicke meine Formulierungen
mit „immer" und „nie"
und lasse dir so keine Auswege!
Aber wenn du in meiner Haut stecktest,
würdest du merken, daß ich das meiste davon
nicht glaube.

Wenn du näher kämst
und mir erlaubtest,
einen Arm um dich zu legen,
würde ich schmelzen
und all das Kriegerische ablegen.

Ich komme mir manchmal so einsam vor, so verlassen auch von Gott, weil ich einfach nicht durchsteige durch all die Fragen über Freundschaft und Liebe. Warum ist das so schwer? Warum gibt es so viele Meinungen? Warum spüre ich in mir manche Bedürfnisse und auch gleichzeitig sofort überall Warnschilder? Warum gibt es so wenig Menschen, die einem da weiterhelfen können? Ich habe viele Fragen und wenige Antworten. Mich würde auch mal interessieren, warum Du eigentlich über dieses Thema schreibst? Was bezweckst Du damit und was hoffst Du damit zu erreichen?

Karin

Liebe Karin,

ich glaube, daß „Liebe lernen" die größte Herausforderung Gottes an den Menschen ist, ein Lebensprogramm, zu dem wir gerufen sind. Jesu Leben war ein Leben der Liebe. Doch auch von ihm hören wir, daß es nicht immer leicht war. In Gethsemane lief er Gefahr, sich aus der Liebe zu entfernen. Aber er hat durchgehalten. Ich glaube, daß er auch immer wieder überlegen mußte, was es nun wirklich bedeutete, Liebe in einer konkreten Situation zu üben. Uns geht es nicht anders. Ich kann Deine Überlegungen gut verstehen, weil ich sie auch habe. Wer meint, das „Lieben lernen" in Regeln einfangen zu können, der betrügt damit am Ende nicht nur sich selbst, sondern auch andere. Es gibt Richtlinien, Gesetzmäßigkeiten und den reichen Schatz von Erfahrungen anderer Menschen vor und um uns. All das können wir entdecken und für uns nutzbar machen. Aber letztlich gilt die Herausforderung des Liebens jedem einzelnen sehr direkt, und jeder einzelne muß sich entscheiden, selbst lernen zu wollen – oder er wird lediglich an den Regeln anderer entlanggehen.
Am besten schaffen wir es, wenn wir unser Leben intensiv mit Christus gestalten und im Lernen von Liebe unsere erste Aufgabe sehen. Das ist also nichts, was man so nebenbei und mit wenig Ernst machen kann. Da ist der ganze Mensch gefordert. Was Du an Schwierigkeiten erlebst, sind die Schwierigkeiten, mit dem Leben schlechthin fertig zu werden und ein erfülltes Leben zu führen. Leider gibt es heute sehr viele „Vereinfacher", die uns sagen wollen, daß alles leicht geht; daß man zum Beispiel nur an Jesus zu glauben braucht, und alles wird wunderbar sein. Aber ich glaube, daß das nicht der

100

Erfahrung der meisten Menschen entspricht. Auch im Leben mit Christus bleibt noch viel offen, auch mit ihm müssen wir weiter Entscheidungen treffen, die schwer zu treffen sind.

Ich schreibe darum auch nicht für Leute, die schon wissen, wie man alles machen muß, und die einen Schwung Regeln haben, die sie sich selbst und anderen aufdrücken (ich habe bei diesem Verfahren zu viele Leute kaputtgehen sehen). Auch sollen diese Gedanken über das „Liebe lernen" nicht für Leute sein, die nur wild drauflosleben wollen und jetzt noch von irgendwem Unterstützung und Legitimierung suchen. Diese Seite ist im Grunde für Leute, wie Du es bist: Menschen, die tiefe Fragen haben und versuchen, wirklich das „Liebe lernen" zu üben, die es sich nicht leicht machen. Ich fühle mich darum eng mit Dir verbunden und möchte auch gern weiter meine Gedanken mit Dir teilen. Vielleicht findest Du unter meinen Gedanken welche, die Dir helfen, Dich selbst und Deine Beziehungen besser zu verstehen. Faß weiter Mut, Du stehst mitten im Schönen und Schweren des Lebens, wie alle Menschen, die wirklich lebendig sind.

Meine andere Seite

Ich habe dir gestern geschrieben,
weil ich frustriert war
über das, was du mir vorgestern gesagt hast.
Ich wollte den Brief nicht abschicken,
ohne ihn heute noch einmal gelesen zu haben
und festzustellen,
ob ich noch zu dem Inhalt von gestern stehe.
Jetzt habe ich den Brief noch einmal gelesen
und dabei gemerkt,
daß ich stärker reagiert habe,
als ich heute reagieren würde.
Da wollte ich den Brief erst zerreißen,
aber dann dachte ich: Warum sollst du
nicht sehen, was ich gestern gefühlt habe?

Ich will soviel ich kann mit dir teilen.
Nicht nur meine fröhliche, freundliche Seite,
sondern mich ganz.
Du sollst mich erleben, wie ich bin.
Ich will mich nicht unter Druck setzen,
um dir zu gefallen.

Wiederholung

Hast du gemerkt, wie wir uns wiederholen?
Wir reden und tun dasselbe,
handeln und reagieren vorhersagbar,
haben uns an unsere Liebe füreinander gewöhnt,
sind in einer Rille,
sicher, aber uninteressant.
So gehen wir langsam ein.

Da muß sich etwas verändern.
Ohne Phantasie, ohne den Schwung zu wachsen
und sich zu verändern,
ohne den Wunsch, Neues zu entdecken
und Unberührtes im andern zu berühren,
werden wir bald innerlich tot sein.
Ausgehöhlt. Blasiert. Gelangweilt.

Wir werden reden,
aber einander nicht verstehen.
Wir werden teilen,
aber es wird uns einander nicht näherbringen.
Wir werden leben,
aber nicht wachsen.

104

Ich langweile mich in dem Verhältnis mit meinem Freund. Wir gehen nun schon eine ganze Weile miteinander, und irgendwie passiert nichts. Wir sind zwar viel zusammen, aber das heißt nichts. Manchmal denke ich, wir drehen uns im Kreis. Eigentlich hätte ich Lust, aufzuhören mit ihm und mir jemand anders zu suchen. Vielleicht jemand, der interessanter ist. Sollte ich das tun?

Marina, 18 Jahre

Liebe Marina,

aus Deinem Brief ist schwer zu sehen, wieviel Zukunft Eure Beziehung hat und wieviel Du überhaupt noch einsetzen willst, um Eure Beziehung zu retten. Du scheinst schon fast ausgestiegen zu sein. Ich nehme aber mal an, daß Du doch weitermachen willst, und versuche, ein paar grundsätzliche Gedanken zu dem Thmea zu schreiben.
Es geht hier ja um das Problem der Gewöhnung oder das der Langeweile. Wir leben alle in Bezügen, die später oder früher gewisse Erschöpfungserscheinungen zeigen. Das Neue des Kennenlernens ist vorbei. Die Faszination des anderen ist nicht mehr so da. Man selbst fasziniert auch nicht mehr so und kann sich darum auch nicht an der eigenen Faszination begeistern. Vielleicht hat man sich auch schon ein Stück wundgerieben aneinander und hat sich zurückgenommen und versucht nun Klarheit über die ganze Beziehung zu gewinnen. Plötzlich hätte man Spaß daran, jemand ganz anderes, eine ganz neue Person kennenzulernen. Viele geben diesem Wunsch dann nach, steigen aus dem „langweiligen" Verhältnis aus und beginnen ein „spannenderes". Aber meistens merken sie bald, daß auch dieses Verhältnis im Laufe der Zeit wieder langweilig wird. Auch da setzt die Gewöhnung wieder ein. Für mich gehört sie einfach zum Leben dazu. Ich glaube, daß wir so geartet sind, daß wir nicht die gleiche oder ähnliche Sache hundertmal tun oder leben können, ohne dabei zu ermüden. Die Frische verschwindet mit der Wiederholung. Ich kann nicht an gleicher Stelle immer wieder überrascht werden. Ich beginne die Überraschung zu erwarten – und damit ist sie keine mehr. So baue ich den anderen auch in mein Weltbild ein, und er wird dadurch vorhersagbar. Alles wird relativer. Das scheint der Gang der Dinge zu sein. Für mich ist darum Langeweile auch nicht etwas Furchtbares.

105

Auch wenn ich mich mit jemand langweile, ist damit nicht unbedingt das Ende der Beziehung da, weil ich weiß, daß es dem andern mit mir vielleicht ebenso geht und daß es uns beiden vielleicht auch mit anderen so gehen könnte. Die Frage ist dann: Was machen wir mit der Langeweile, mit der Gewöhnung, mit der Vorhersagbarkeit? *Wie so oft ist nicht der Zustand, in dem wir uns befinden, die Gefahr, sondern unsere Unfähigkeit, mit dem Zustand umzugehen. Wir haben uns nicht ernsthaft Gedanken gemacht, wie die Langeweile zu verstehen ist und wie wir sie bekämpfen können.*

Ich möchte vier Gedanken kurz anreißen, wie wir der Langeweile vorbeugen und sie bekämpfen können.

Getrennt erleben
Du sagst, Ihr seid viel zusammen, und ich vermute, Ihr erlebt sehr viel zusammen. Gerade das kann eine Gefährdung für Euch sein. Das gemeinsam Erlebte ist zwar wichtig, aber ebenso wichtig ist es, daß Ihr beide Euer wirklich eigenes Leben habt, gerade wo Ihr noch nicht verheiratet seid. Was Ihr allein erlebt, ist eine ganz besondere Bereicherung für Eure Beziehung – wenn Ihr es mit in die Beziehung einbringt. Das neu Erlebte gibt dem Erlebenden eine neue Frische, und diese bringt er dann mit in die Beziehung. Er wird dadurch wieder ein Stück mehr „un-vorhersagbar" und neu.

Eine Herausforderung für den anderen sein
Gerade in Freundschaften gibt es viel Arrangieren *und* Anpassen, *um ja Unfrieden zu vermeiden, weil man sonst den anderen verlieren könnte. Man wünscht sehr stark eine Symbiose, eine Harmonie, in der man alles gleich sieht und sich nicht fremd fühlt. So denkt man dann gleich und wünscht das gleiche. Das ist ein direkter Kurs auf die Langeweile zu. Das Leben lebt von Gegensätzen, von Herausforderungen, und wir dürfen sie nicht aufgeben, um eine zweifelhafte Harmonie herzustellen. Es gibt keine zwei gleiche Menschen, und wo sie es zu sein scheinen, wo eine perfekte Harmonie existiert, tut sie dies meistens, weil einer sich aufgegeben hat, sich selbst ausgelöscht hat und den anderen nicht mehr herausfordert. Es existiert also eigentlich nur noch einer in der Beziehung, und der andere wird zu einem Abbild ohne Meinung. Daraus ergibt sich zwangsläufig Langeweile, die dann oft durch viele Aktivitäten übertönt werden soll. Wo aber beide zu sich*

selbst stehen, wird die Beziehung schwerer, auch konfrontativer – aber die Langeweile wird nicht ihre Gefahr sein. Sicher kann es auch da Phasen der Langeweile geben, aber diese sind dann oft wie Atempausen und nicht wirklich als Langeweile zu betrachten. Wo wir einander herausfordern, entdecken wir auch Neues an uns selbst und am andern. Und wo wir Neues entdecken, kommen wir zum Leben.

Die eigenen Tiefen teilen
Oft ist unsere Kommunikation nur oberflächlich. Wir tauschen nur aus, was uns gerade im Moment angeht, und graben nicht tiefer. Ein großer Bereich bleibt ungesagt. Mit dem Oberflächlichen gelangen wir schnell an ein Ende und beginnen uns zu wiederholen. Da setzt dann Langeweile ein. Wir gewöhnen uns viel schneller an die Meinung des andern als an ihn selbst. *Aber wenn wir den andern mit seiner Meinung verwechseln, wird er uns bald uninteressant, und wir fühlen uns nicht verstanden. Ein Mensch ist etwas sehr Reiches und Differenziertes. Aber dieser Reichtum liegt in einer Tiefe, die nicht so leicht erreichbar ist und die mit Meinungen nicht ausgedrückt werden kann. Wenn wir uns selbst mit unseren Tiefen, mit all dem Unverarbeiteten, Unklaren, mit unseren Nöten, Fragen einbringen, wenn wir über das reden, was uns angst macht, dann werden wir sehr wenig gegen die Langeweile zu kämpfen haben. Dann werden wir als vielschichtige Menschen voreinander stehen und immer wieder Neues an uns selbst und am anderen entdecken können.*

Die Phasen des anderen respektieren
Es ist wichtig, zu erkennen, daß alles, was lebendig ist, sich ständig verändert, Phasen unterworfen ist. Das Leben einer Beziehung wird darum auch Zeiten haben, die weniger intensiv sind. Es kann sein, daß zwei Menschen sich für eine Zeit voneinander zurückziehen, um ihren eigenen Entwicklungen etwas mehr nachzugehen. Es kann sein, daß man darum einander nichts zu sagen hat. Der andere mag einem darum langweilig erscheinen. Dann ist Geduld nötig und Respekt vor der Entwicklung des anderen. Wahrscheinlich könnten wir sehr intensive Phasen in einer Beziehung gar nicht über eine lange Zeit aushalten. Darum sind andere Zeiten nötig.
Eine grundsätzliche Frage mußt Du Dir aber doch noch beantworten. Es gibt eine ganz unterschiedliche Bereitschaft, sich mit dem

108

Verhältnis, in dem man steht, auseinanderzusetzen. Wenn Du also echt nach Hilfe suchst, wie mehr Leben in Euer Verhältnis kommen kann, und wenn Dir die obigen Gedanken geholfen haben, Dein Freund aber gar nicht die Problematik sieht, ist es schon viel schwerer. Vielleicht hat er nicht das Bedürfnis weiterzuwachsen. Dann müßtest Du das Thema durchsprechen. Wenn Eure Bedürfnisse da zu weit auseinanderliegen, kann es sein, daß es besser ist, wenn Ihr Euch trennt. Ich fände es nur schade, wenn Du ihn einfach stehen läßt, wenn es nicht mehr so spannend ist wie anfangs. Das wäre Euch beiden gegenüber unfair. Mit etwas Arbeit an Eurer Beziehung könntet Ihr wahrscheinlich noch weit über den ersten Stand hinausgelangen, wenn Ihr einander entdecken geht und Euch sichtbar macht.

Willst du seine Trophäe sein?
Willst du seine Puppe sein?
Willst du nur seine Mutter sein?
Willst du sein kleines Mädchen sein?
Willst du seine Hilflose sein?
Willst du seine Hälfte sein?
Willst du seine Haushälterin sein?
Willst du seine Kratzbürste sein?
Willst du seine Fußmatte sein?
Willst du seine Traumfrau sein?
Willst du seine Torschlußpanik sein?

Willst du ihr Vorzeigemann sein?
Willst du ihr Hampelmann sein?
Willst du nur ihre Vaterfigur sein?
Willst du ihr kleiner Junge sein?
Willst du ihr starker Mann sein?
Willst du ihre Hälfte sein?
Willst du ihr Geldverdiener sein?
Willst du ihr Besserwisser sein?
Willst du ihr Jasager sein?
Willst du ihr Traummann sein?
Willst du ihre Torschlußpanik sein?

Ich werde einfach mit meiner Eifersucht nicht fertig. Ich würde am liebsten gar nicht mehr unter Menschen gehen mit meiner Freundin. Nachdem wir unter anderen gewesen sind, kommt es oft zu Schwierigkeiten zwischen uns. Ich kann es auch nicht genau erklären, weil ich weiß, daß meine Freundin mich liebt und sie eigentlich mit anderen nur freundlich ist und nicht mit ihnen anbändelt. Wie komme ich damit klar, und was ist mit mir los? Oder ist das normal? Wir sind beide 20.

Bernd

Lieber Bernd,

„normal" ist ein schwieriger Begriff, aber es scheint, daß Dich Deine Eifersuchtsgefühle umtreiben und Du daran etwas ändern möchtest. Das ist ja eigentlich Ansatz genug. Eifersucht kennen die meisten Menschen. In Deinem Leben spüre ich einen gewissen Anspruch, den Du an Deine Freundin hast, den Du aber nicht unbedingt ausleben möchtest. Das ist schon ein guter Start zum Weiterkommen in dieser Problematik. Die meisten Menschen spüren ja ein Recht auf ihre Eifersucht. Da ist es dann schwer, etwas zu verändern. Sie erwarten meistens nur, daß sich die Verhaltensweise des andern verändern soll.

Ich glaube, daß Eifersucht hauptsächlich mit zwei Dingen zu tun hat: Erstens: mit einem grundsätzlich gefährlichen Verständnis, daß man einen Menschen besitzen kann, für sich haben und behalten kann. Ich glaube, daß das einfach unmöglich ist. Ein Mensch ist etwas Lebendiges und gehört nur sich selbst, keinem anderen Menschen. Ich unterscheide drei Stufen oder Ebenen beim Loslassen des anderen:

1. Ich lasse den andern los: Du kannst das vielleicht üben, indem Du sagst: „Ich lasse dich los, du kannst mit andern zusammen sein." Das hat etwas Resignatives an sich. Du läßt sie los, weil Du sie sowieso nicht halten kannst. Sie macht doch, was sie will.

2. Freisetzen: Wenn Du loslassen gelernt hast, kannst Du Dich im Freisetzen üben. So wie man einem Vogel Freiheit schenkt, indem man den Käfig aufmacht und an seiner Freisetzung beteiligt ist, so kannst Du Deine Freundin ermutigen, ihr Leben nicht nur auf Dich zu konzentrieren.

112

3. Begreifen, daß Du nie etwas Lebendiges besitzen kannst: Auch Du kannst nie der Besitz eines anderen Menschen sein – und willst es wohl auch nicht.
Zweitens: Eifersucht hat nicht nur mit Besitzdenken zu tun, sondern auch mit der ganzen Frage des persönlichen Wertgefühls. Wenn Du eifersüchtig bist auf Deine Freundin, dann kann es sein, daß Du Deinen eigenen Wert davon abhängig machst, wertvoll in ihrem *Leben zu sein. Du willst* ihr *etwas bedeuten, um dadurch auch vor* Dir *etwas zu bedeuten. Wenn sie dann mal mit anderen zusammen ist, könnte es ja sein, daß ihr jemand anderes auch wertvoll wäre. Und dann meinst Du, dadurch weniger Wert zu haben. Dahinter steht ein angeknackstes Selbstwertgefühl. Das ist ganz normal. Die meisten haben Mühe, zu glauben, daß sie wertvoll sind. Es ist darum notwendig, daran zu arbeiten, Deinen Wert in Dir zu suchen, nicht in dem, was Du jemand anderem bedeutest. Das ist sehr wichtig. Wenn Du in Dir ruhst und um Deinen Wert weißt, dann ist es nicht so wichtig, wertvoll für Deine Freundin zu sein, und gerade darum wirst Du in einer freisetzenden Art wertvoll für sie. Bei Dir kann sie sich dann entwickeln, auch in ihrer Beziehung zu anderen Menschen, die ihre Persönlichkeit fördern oder bei denen sie gern ist.*
Es ist wichtig, daß Du Dich jetzt *mit diesem Gedanken intensiv auseinandersetzt, weil es später wesentlich schwerer ist. Wenn man sich erst eingespielt hat auf dieses Besitzdenken und Aufeinander-angewiesen-Sein und Voneinander-Leben, dann ist es sehr viel schwerer, das zu brechen. Ich glaube, Ihr in Eurem Alter könnt daran arbeiten und einander herausfordern, zu einer echten Selbständigkeit zu wachsen. Deine Freundin kann es tun, indem sie immer wieder mit Dir unter andere Leute geht und Dich so ermutigt, weiterzukommen in dieser Frage. Natürlich wäre es auch schön, wenn sie Dir immer wieder zu verstehen gibt, daß sie Dich liebt, so daß Du nicht nur die Herausforderung erlebst. So stehst Du dann in dieser Spannung, die Dir zum Wachstum hilft.*
Es gibt natürlich auch Beziehungen, in denen beide sich total auf den anderen fixieren. Diese Beziehungen verarmen meistens. Schwer ist es, wo nur einer so leben will und der andere in eine größere Freiheit im positiven Sinne will. Aber ich höre es Dir an, daß Du auch weiterwillst. Wo diese Fixierung zu stark geschieht, wird der ganze Reichtum des Lebens nicht erlebt. Beide werden kleiner und nicht

113

größer in dieser Beziehung. Langsam reduzieren sie einander. Ich glaube darum, daß es sehr wichtig ist, recht hart mit sich selbst in diesem Bereich umzugehen. Ob Eure Beziehung eine Zukunft hat, wird sich ganz stark an dieser Frage entscheiden.
Noch mal die zwei Ebenen, an denen Du an Dir arbeiten kannst:
1. Niemand gehört Dir.
2. Du mußt Deinen Wert in Dir selbst und in Deiner Beziehung zu Gott finden.

Mein Freund und ich gehen jetzt drei Jahre zusammen. Wir sind beide 20 und haben schon viel miteinander geteilt. Wir haben Hochs und Tiefs erlebt, und insgesamt ist unser Verhältnis etwas Gutes für uns beide gewesen. Aber nun ist in den letzten Monaten etwas anders geworden. Erst habe ich mich dagegen gewehrt, habe es nicht sehen wollen, aber jetzt kann ich das nicht mehr übersehen. Ich merke, daß wir uns zunehmend auseinanderentwickeln. Erst dachte ich, daß er mir vielleicht nur langweilig geworden wäre und sich das schon wieder geben würde. Aber dann merkte ich, daß da mehr war. Es drückt sich am häufigsten so aus: Wir stoßen auf Schwierigkeiten und reagieren sehr verschieden darauf. Ich möchte an die Schwierigkeiten rangehen, sie durcharbeiten. Ich möchte auch an mir arbeiten. Mein Freund sagt dann oft, daß ich doch das alles nicht so tragisch nehmen sollte, daß ich zu ernst sei. Oder er sagt: „Komm, wir wollen nicht streiten." Wenn er so positiv ist, weiß ich immer nicht mehr weiter und bin dann meistens still. Ab und zu hat er dann auch schon mal gesagt: „Siehst du, es geht doch." Aber ich fühle mich dabei irgendwie nicht wohl, auch wenn die Einigkeit scheinbar wiederhergestellt ist. Manchmal komme ich mir zu kompliziert vor, merke aber auch, daß ich zu mir stehen möchte. Ist das falsch? Das Ganze macht mir ganz schön zu schaffen. Kann es sein, daß wir uns trennen sollten?

Elfi

Liebe Elfi,

ich kann schon verstehen, daß Du diese Entwicklung erst gar nicht wahrnehmen und wahrhaben wolltest. Gerade weil Ihr so viel geteilt

115

habt miteinander, habt Ihr ja auch beide viel zu verlieren. Es gibt auch viele, gerade in Eurem Alter, die das dann auch nicht zugeben wollen, es manchmal total verdrängen und sich nur auf das Positive konzentrieren. Aber meistens müssen auch diese Menschen dann später irgendwann einmal an die Problematik rangehen.

Weil Ihr schon drei Jahre zusammen seid, nehme ich nicht an, daß es sich um ein „aus der Liebe (aus dem Verliebtsein) fallen" handelt. Du hast ja auch von Schwierigkeiten miteinander geschrieben. Sicherlich habt Ihr so auch schon die verschiedenen Phasen Eures Verhältnisses erlebt. Es geht also um Tieferes, vermute ich.

Wahrscheinlich macht Ihr als einzelne einfach eine Entwicklung durch. Mit 17 oder 18 sucht man noch stärker nach Grundeinstellungen zum Leben. Man ist sich noch unsicher, wie man leben will. Die meiste Sicherheit wird dann nur gespielt. Langsam, durch viele Erfahrungen und deren Verarbeitung und natürlich gesteuert von der eigenen Charakterstruktur entscheidet man sich mehr und mehr, wie man leben will. Und wo man mit 18 gewisse Unterschiede noch großzügig übersehen und sich durchaus vorstellen konnte, einander zu heiraten, ist das mit 20 oder 22 schon wesentlich schwerer. (Darum ist es ja auch oft äußerst schwierig, wenn sich Teenager schon sehr fest aneinander binden.)

Der, der Probleme angehen will, steht meistens „schlechter" da als der andere. Denn wir leben in einer Gesellschaft, die Probleme hauptsächlich verdrängt und ein ausgiebiges Repertoire an Abwehrmechanismen entwickelt hat, um nicht an gewisse Schwierigkeiten herangehen zu müssen. Der, der etwas durcharbeiten will, wird dann schnell als „zu kompliziert" oder als „Stänkerer" empfunden.

Ich würde Dir vorschlagen, mal ganz offen mit Deinem Freund über diese Frage zu sprechen. Ich glaube, er muß wissen, wie es Dir damit geht und daß sein Abtun etwas Schwerwiegendes für Dich ist. Wenn Du es getan hast und sich über längere Zeit einfach nichts ändert, wenn Ihr also nicht so ins Gespräch findet, wie Du Dir das wünschst, und wenn er sich dagegen entscheidet und Dir das vielleicht sogar sagt, dann mußt Du Dich selbst fragen, ob Du mit jemand, der so anders an ein Problem und wahrscheinlich auch ans Leben herangeht als Du, Dein Leben teilen möchtest. Du mußt Dir klarwerden, wie wichtig Dir Dein Ansatz, Deine Überzeugung ist. Wenn es Dir mit dem Durcharbeiten auch nicht so wichtig ist, dann kannst Du es ja

116

drangeben, und Ihr könnt Euch irgendwo in der Mitte treffen. Wenn es Dir aber wirklich wichtig ist, was ich Deinem Brief abspüre, dann kannst Du es nicht einfach verdrängen und hoffen, daß alles mal später besser wird. (Meistens entwickeln sich diese Einstellungen noch weiter, und es wird schwerer und nicht leichter.)

Wenn Du einfach „mitmachst", tust Du letztlich Deinem Freund auch keinen Dienst. Er wird sich unter Druck gesetzt fühlen und leicht das Empfinden haben, daß er oberflächlich ist, weil er die Probleme nicht so tief durchdenkt wie Du. Und Du wirst „um des lieben Friedens willen" manches runterschlucken oder sogar verdrängen. Dadurch lauft Ihr Gefahr, Euch innerlich voneinander zu entfernen und Euch gegenseitig nicht zur Reifung zu verhelfen. Auch wenn man sich einigermaßen einig ist, wie man in der Ehe an Differenzen herangehen will und wie man zum Wachsen und Reifen steht, was man es sich kosten lassen will – auch dann ist die Ehe immer noch ein großes Wagnis. Wenn man diesbezüglich schon mit ganz verschiedenen Ansätzen beginnt, setzt man sich wahrscheinlich zu hohen Belastungen aus. Ich glaube, daß die hohen Scheidungsziffern auch zum Teil daher kommen, daß man sich vorher nicht überlegt hat, was man überhaupt in der Ehe will, welches Ziel man verfolgen will und ob man auf das gleiche Ziel – das Wachsen der Persönlichkeit des einzelnen zum Beispiel – hinarbeitet. Wir müssen begreifen und akzeptieren, daß wir aufgrund von ganz unterschiedlichen Entwicklungen verschiedene Ziele haben. Wenn diese Ziele zu verschieden sind, werden wir uns auf einem so engen Raum, wie in dem Leben miteinander, zerreißen und zerfleischen.

Ich wünsche Dir den Mut und den nötigen Durchblick, um zu entscheiden, wo Du in Deiner Beziehung zu Deinem Freund stehst. Mach Dir die Entscheidung nicht zu leicht – aber übernimm Dich auch nicht.

Fragebogen 2

1. Ist es wirklich so schlimm,
   was sie/er mir angetan hat?

2. Ist es irgendwie zu verstehen,
   warum er/sie das getan hat?

3. Bin ich empfindsam oder empfindlich?

4. Habe ich versucht, ihn/sie festzuhalten,
   an eine gewisse Art oder Rolle zu binden?

5. Reagiere ich jetzt zu stark?

6. Bin ich von mir enttäuscht?
   Will ich, daß die Täuschung aufhört?

7. Wäre ich wirklich weiter gewachsen,
   wenn unser „Himmel auf Erden" so
   weitergegangen wäre?

8. Glaube ich wirklich, daß es eine Beziehung
   ohne Verletztwerden geben kann?

9. Ist mir mein Glücklichsein wichtiger,
   als intensiven Kontakt mit ihr/ihm zu pflegen,
   auch wenn sie/er nicht nur positive Seiten hat?

10. Habe ich Angst,
    daß unsere Beziehung zu Ende sein könnte?

11. Wieviel bin ich bereit einzusetzen,
    um aus unserer Beziehung etwas zu machen?

12. Was suche ich in dieser Beziehung?

Ich will lieben lernen

Die Entscheidung

Die, die trotz Enttäuschung nicht aufgehört haben, sich weiter zu öffnen, durchzuhalten, die weiter an ihrer Liebesfähigkeit arbeiten, auch gerade dann, wenn es schwierig wird, begeben sich damit auf die dritte Ebene. Ich möchte sie einfach die *Entscheidung für den andern* nennen. Ohne diese Entscheidung ist diese Ebene unerreichbar. Ohne die Entscheidung, Liebe zu lernen, auch gerade gegen alle Enttäuschungen und Widerstände, wird aus dem Verliebtsein keine Liebe. Es ist die Zeit des Erwachens. Es ist ein Erwachen für die Energien, die in uns wohnen, die eingesetzt werden können, um unserer Liebe die Festigkeit zu geben, in Widerständen zu bestehen.

Dieser Nachdruck auf der Entscheidung und damit auch auf dem Willen steht häufig im Konflikt mit der üblichen Einstellung gegenüber der Liebe, die in unserer Kultur vorherrscht. Uns wird vermittelt, daß Liebe ein Gefühl sei, das uns überfällt. Wir werden auf tausenderlei Weise gelehrt, meistens indirekt durch Werbung, Filme, Zeitschriften, daß Liebe einem „passiert". Man wird von der Liebe heimgesucht, weggeschwemmt, überwältigt. Da ist von Entscheidung keine Spur. Es ist fast, als würde die Liebe durchs Land ziehen und hier und da den einen und andern anstecken. Natürlich gibt es das. Es ist ja auch überwältigend, berauschend, beängstigend, beglückend, wie man umgehauen und betroffen werden kann. Das war ja die Beschreibung des Verliebtseins, der ersten Phase. Das wünsche ich jedem. Aber es ist noch nicht Liebe in ihrem tieferen Sinn, und es ist gefährlich, auf die Dauer das Verliebtsein für die Liebe zu halten. Man könnte es eine Vorform der Liebe nennen. Der entscheidende Sprung vom Verliebtsein zur Liebe erfolgt nicht durch die „Heimsuchung", sondern durch die Entscheidung, immer erneut zu versuchen, zum andern zu gelangen. Liebe heißt dann Wege finden gerade da, wo es noch keine gibt. Diese Entscheidung, durch den Willen getroffen, steht nicht gegen den Wunsch des Menschen. Die Erhaltung des Wunsches ist sehr wichtig. Zu oft hat der Wille, besonders die Willensstärke, den Wunsch übertönt und damit unterdrückt. Der Wunsch zu lieben wird verdrängt, und wo dies häufig geschieht, führt es zu Lebensunlust und Lebensunfähigkeit. Wünsche müssen wahrgenommen werden. Sie sind wie Anzeiger für gewisse Zustände und Bedürfnisse in uns. Sich aber immer gleich alle Wünsche zu erfüllen hieße nach dem Lust-und-Laune-Prinzip zu leben.

Bei dem Einsatz des Willens, bei der Entscheidung geht es mir also nicht darum, sich zugunsten eines gewissen Prinzips selbst unterzukriegen, sich selbst als Mensch zu zerstören, um ja das Prinzip aufrechtzuerhalten. Der Mensch ist immer wichtiger als das Prinzip, und die Erhaltung des Lebens ist immer wichtiger als das Befolgen irgendeines Treue-Ideals. Es gibt ja Freundschaften, in denen einer oder manchmal sogar beide meinen, sie müßten unbedingt zusammenbleiben, weil sie schon ein Stück Wegs zusammen gegangen sind, und die dabei langsam eingehen. Natürlich ist es manchmal schwierig, zu unterscheiden, ob durch den Einsatz des Willens und die Entscheidung weiter durchzuhalten eine tiefere, reifere Lebensqualität in mir wächst, oder ob ich mich übernehme und den anderen überfordere und eben dadurch die Lebensqualität zerstöre, die ich fördern will. Es gibt ein Weglaufen aus einer Beziehung, weil ich mir so das Leben rette, und es gibt ein Weglaufen, bei dem ich ein Stück meines Lebens verliere. Es gibt ein Dableiben, das mich zerstört, und ein Dableiben, das mir die tieferen, wenn auch oft schmerzhafteren Seiten des Lebens erschließt.

Ich glaube immer mehr, daß unser „tiefer Wunsch" nach wirklich echter Beziehung durch einen „oberflächlichen Wunsch" nach einem leichten, problemlosen Leben über-

122

deckt wird. Wenn ich darum erneut versuche, aus der Beziehung etwas zu machen, wenn ich mich verletzbar mache und hineingebe, dann tue ich es nicht nur von einem Kopfwissen her, sondern weil ich es als tiefen Wunsch in mir entdeckt habe.

Durch die Entscheidung für den anderen, durch den Einsatz des Willens bekommt die Beziehung eine andere Grundlage. Das momentane Gefühl ist nicht allbestimmend – schlechte Tage können so leichter eingeordnet und überwunden werden. Die Beziehung hat eine Kontinuierlichkeit, die ein größeres Vertrauen ermöglicht: Ich weiß, daß du morgen nicht über alle Berge bist, wenn ich dir heute etwas anvertraue. Ich kann darum immer offener werden, und dadurch wird eine Festigkeit gebaut. Die Tiefen, durch die man gemeinsam geht, beginnen zu verbinden und müssen nicht nur trennen. Die Frage, ob man zueinander passe, wird ein wenig relativiert. Man stellt wahrscheinlich fest, daß keine zwei zusammenpassen, sondern daß man sich aufeinander zu bewegt, in Freuden und Leiden.

Das ist die dritte Ebene, die aber nur zu erreichen ist, wenn man sein Bild von der harmonischen, glücklichen Liebe in Frage stellt und in das erweiterte Bild auch den Schmerz mit einbezieht.

Langsam wachsen

Bitte, dränge, nicht auf schnelle Offenheit.
Ich kann sie dir nicht geben,
ohne dabei wichtige Stufen zu überspringen.
Ich will mich an die stillen Gesetze
des Wachstums halten.
Alles, was Durchhalten
und eine wirkliche Tiefe erreichen soll,
muß organisch und langsam wachsen.

Ein Mann pflanzte einen Baum,
und weil der Baum nicht schnell genug wuchs,
brachte er einen Flaschenzug an dem Baum an
in der Hoffnung, so Wachstum zu erzwingen.
Als er Gewalt anwandte,
riß er die Wurzeln aus der Erde,
in der sie gerade Halt gefunden hatten.
Der Baum vertrocknete und starb.

Wir müssen begreifen,
daß wir oft der Liebe nicht nachhelfen können,
noch nicht einmal unserer eigenen Liebe.
Langsam wie ein Baum muß sie wachsen,
wenn sie stark und gesund sein soll.

Danke,
daß du dir Zeit nimmst,
mich kennenzulernen.

Ich habe das Empfinden,
daß ich schwer zu kennen bin.
Ich verstecke viel.

Aber eigentlich will ich,
daß du mich triffst.
Ich will von dir gesehen werden.

Bleibst du,
auch wenn ich dich wegschicke?
Bleibst du in dir bei mir?

Ich habe das Fühlen nicht gelernt.
Seit Jahren war Kämpfen,
Behaupten, Durchhalten und Abrechnen wichtiger.
Man hat Beweise von mir verlangt,
und ich habe sie geliefert.
Leistung war gefragt,
und ich habe sie geboten.
Sicherheit sollte gezeigt werden,
und ich habe Sicherheit gezeigt,
auch wenn ich sehr unsicher war.
Schlagfertigkeit wurde beklatscht,
und ich habe mich darin geübt.

Das alles hilft mir jetzt nicht.
Zu dir gelange ich nicht
über diese Wege.
Zu dir muß ich mich hinfühlen,
das habe ich gemerkt.
Aber wie mache ich das?

Ich will das Fühlen lernen
wie eine Fremdsprache.
Ich will das Empfinden üben
wie Schritte zu dir.

Du bist so anders
als die Person,
die ich kannte,
als ich dich nur oberflächlich kannte.
Du sagst mir,
du hättest dich nicht viel verändert.

Ich habe mich auch nicht viel verändert.
Aber ich habe meine Perspektive verändert,
und damit wird alles anders.

Ich kann wählen,
wie ich dich sehen will.

Ich denke an all das,
was aus dir und mir hätte werden können,
wenn wir einander nicht begegnet wären.
Aber so ist es,
Türen gehen zu.

Aber von mir aus
möchte ich dir jetzt auch fest sagen,
daß mit dir Türen aufgegangen sind,
von deren Existenz ich nichts wußte.

So sind wir die,
die wir geworden sind.
Ich will nicht zurück.
Ich will weiter
werden.

Wir sind beide 25 und meinen, daß wir uns lieben. Aber manchmal zweifeln wir daran. Wir können beide so schrecklich ärgerlich und wütend übereinander werden. Wenn wir so ärgerlich sind, bricht etwas Beängstigendes auf, daß wir meinen, wir könnten nie auf längere Zeit miteinander leben. Aber dann geht es auch wieder wochenlang gut, ohne Zwistigkeiten. Eine ebenso tiefe Liebe scheint uns dann zu verbinden. Um so stärker trifft es uns dann, wenn wir uns plötzlich, wie aus heiterem Himmel, wieder zanken. Oft sind die Gründe für den Zank auch so belanglos, daß wir meinen, daß uns noch etwas Tieferes trennen muß, das wir verdrängen. Was ist mit uns los?

Ute und Lars

Liebe Ute,
lieber Lars,

ich glaube nicht, daß mit Euch etwas besonders Außergewöhnliches los ist. Ihr macht das durch, was viele durchmachen, was ich auch gut aus meiner Ehe kenne. Allein schon, daß Ihr diesen Brief schreibt und Euch gemeinsam Gedanken macht über Euer Verhältnis, ist ein sehr gutes Zeichen. Da seid Ihr vielen anderen voraus.
Ihr scheint Euch auch zu wundern, daß Ihr Euch so „schrecklich ärgern" könnt. Ich würde das sogar zum Teil als ein positives Zeichen ansehen: Ihr seid Euch nicht egal. Ihr habt nicht abgeschaltet, zieht Euch nicht in Euch selbst zurück, sondern platzt mit Euren Nöten heraus. So können Differenzen und Enttäuschungen besprochen und gelöst werden.
Bezweifelt auch nicht die Tiefe Eurer Liebe, nur weil Ihr Euch so intensiv zanken könnt. Wahrscheinlich ist es nicht möglich, Intensität nur in einem Bereich zu haben. Wenn wir intensiv leben, werden wir unserer Enttäuschung auch intensiv Ausdruck geben.
Die Sache mit den „belanglosen Gründen": Oft sagen wir einander nichts, weil wir nicht gern die guten Gefühle der ersten Stufe zerstören möchten. Wir schlucken, verdrängen und geben uns gelassen. Aber in uns stapelt es sich auf. Irgendwann wird es dem „Stapler" dann zuviel, und er platzt bei einer belanglosen Sache. Das braucht also nicht zu heißen, daß Ihr zutiefst nicht zueinander paßt. Es kann lediglich sein, daß Ihr in der Fähigkeit, Euch auszutauschen, noch etwas dazulernen könnt.

130

Manchmal möchte ich gegen die anwettern, die die Liebe immer nur als ein schönes Gefühl darstellen und dann auch noch die falsche Schlußfolgerung ziehen: daß, wenn das Gefühl weg ist, man sich trennen sollte oder zumindest guten Grund dafür hätte. Das ist nicht nur gefährlich, sondern auch unlogisch. Ich werfe meine Arbeit doch nicht gleich hin, wenn sie mir nicht gefällt. Ich ziehe doch nicht gleich um, wenn es mal einen ganzen Monat regnet. Ich lege ein Buch doch nicht gleich weg, wenn ich mal eine Seite nicht verstehe. Warum sollte ich mich dann von einem Menschen trennen, den ich wirklich schon intensiv geliebt habe, mit dem ich schon viel geteilt habe, nur weil wir uns ab und zu in die Wolle kriegen?

Und zum Schluß noch ein Gedanke. Ist es nicht anzunehmen, daß es immer zu Konfrontationen kommt, wo sich zwei eigenständige Menschen treffen? Wo zwei Menschen im Wachsen begriffen sind, werden sie früher oder später manches unterschiedlich sehen. Sie können es als Hindernis für ihre Liebe oder aber als Gabe Gottes an ihre Liebe sehen. Auf alle Fälle braucht es uns nicht zu überraschen (auch wenn es das immer wieder tun wird), wenn zwei wachsende Menschen mit eigenen Meinungen aufeinanderprallen werden.

Ich finde Euch also ganz normal. Vielleicht seid Ihr sogar besser dran als die meisten, weil Ihr Euch Gedanken macht und sogar die Offenheit habt, manches zuzugeben und zu besprechen. Wenn Ihr Euch diese Offenheit bewahrt, werdet Ihr wachsen und sehr viel Schönes miteinander erleben.

131

Ich erlebe anders als du

Wenn du meinst,
daß doch alles *so klar sei*,
ist es mir manchmal noch längst nicht klar.

Wenn du sagst,
das *müsse man* doch verstehen,
spüre ich in mir einen ganz anderen Ansatz.

Wenn du darauf hinweist,
daß es doch *so einfach* sei,
finde ich es häufig noch schwer.

Wenn du betonst,
es sei *eminent logisch*,
spüre ich zuweilen,
daß die Lösung der Frage
nicht von der Logik kommen wird.

Wenn du behauptest,
daß das damit *nichts zu tun habe*,
ahne ich,
daß gerade da
der Schlüssel zu unserem Problem liegt.

Wenn du mit Überzeugung von dem sprichst,
was *wir glauben*,
habe ich das Bedürfnis,
mich getrennt zu melden.

Ich tue davon nichts aus Widerstand.
Ich habe nicht das Bedürfnis,
dir nur zu widersprechen.

Aber
wo ich bisher *ja* gesagt habe,
auch wenn ich *nein* gefühlt habe,
wo ich mich daran gehalten habe,
daß es *so* ist, weil *man* es so sieht,
auch wenn ich es anders gesehen habe,
da werde ich es jetzt nicht mehr so tun.
Ich will lernen, mir treu zu sein.

Ich will in mich hören.
Ich will spüren, was ich erlebe,
und erleben, was ich spüre.
Ich will ich sein
und mich hören, wenn ich spreche.

Und von dir
wünsche ich nur,
daß du mich
für mich
sprechen läßt.

Kann man eigentlich um den richtigen Partner beten?

Gabi

Liebe Gabi,

Deine Frage setzt voraus, daß es einen richtigen Partner gibt und daß er gefunden werden muß. Das glaube ich nicht. Ich glaube, daß es eine richtige Haltung gibt. Eine Haltung, die besser ist, die den Menschen darauf vorbereitet, wenn er liebt, etwas wirklich Bereicherndes und Schönes zu erleben. Ich glaube nicht, daß Gott einen Plan hat, in dem jede Einzelheit unseres Lebens schon entschieden ist, einen festen Plan, bei dem wir dann versuchen müssen, die Einzelheiten herauszubekommen. Gottes Plan für uns ist ein reiches, volles Leben: „Ich bin gekommen, damit sie das Leben und alles in Fülle haben sollen" (Johannes 10,10). Für uns ist es darum nötig, Einstellungen und Haltungen zu lernen, damit wir nicht lebensstörend, sondern lebensfördernd leben. Je mehr wir das lernen, desto fähiger werden wir, überall Leben zu finden und Leben zu verbreiten. Da ist es für mich dann nicht mehr so wichtig, genau die Person zu finden, die zu mir paßt.

Die Person, für die ich mich dann entscheide, wird durch meine Wahl die richtige. Meine Wahl hebt diesen einen Menschen vor den anderen hervor. Mit diesem Menschen will ich leben lernen, wachsen, reifen. Damit stehe ich in Gottes Willen. Mit einem andern Menschen wäre es wahrscheinlich nicht leichter, schwerer oder schöner, sondern nur anders.

In Indien sagt man: „Ihr im Westen heiratet die Person, die ihr liebt, wir lieben die Person, die wir heiraten." Die Zeit nach der Hochzeit erfordert unseren Einsatz. Nach dem Verliebtsein und den ersten Krisen muß nun die Beziehung gefestigt werden, Gestalt gewinnen. Natürlich ist die Zeit vor der Hochzeit, die Zeit des Lernens und Überlegens, wichtig, weil ich in dieser Zeit lerne, auch zu entscheiden, wie ich mit dem Menschen leben will. Natürlich ist es wenig sinnvoll, jemanden zu wählen, der Partnerschaft ganz anders sieht als ich. Gerade dieser Bereich muß wirklich ausgiebig besprochen werden. Es geht also weniger darum, jemanden zu finden, der vom Charakter her zu mir paßt, als darum, festzustellen, ob man in ähnlicher Weise an der Partnerschaft arbeiten will.

134

Nun zum Beten. Ich glaube, daß Gott uns mehr Freiheit bei der Partnerwahl gibt, als wir meinen. Und doch ist das Beten nicht unnötig. Aber vielleicht weniger, um den richtigen Partner zu finden, als durch Gebet selbst verändert zu werden, der richtige Partner zu werden. Beim Beten und Hören auf die Antwort Gottes stimmen wir uns ein auf das, was noch über der Partnerwahl steht: auf das Wachsen und Reifen zu Gott hin. Wenn wir das im Auge behalten, können wir wahrscheinlich verschiedene Entscheidungen treffen, und sie können alle richtig sein. Die Konsequenzen jeder Entscheidung werden anders sein, aber in jeder können wir wachsen und reifen. So wird Gott manchem auch nicht immer und einfach eine klare Antwort geben, ob er/sie die oder den nehmen soll. Manchmal wird er den Fragenden sogar noch tiefer in die Frage treiben, worum es eigentlich geht. Gott traut uns mehr zu, als wir annehmen.

Ich habe weit ausgeholt, weil es mir wichtig erschien, nicht nur einfach das Beten um den richtigen Partner zu unterstützen, weil für manche das Beten so etwas ist wie eine Zauberformel. Man spricht die Formel und bekommt die Antwort. Bei Gott ist es meistens viel komplexer und schwieriger, dafür auch schöner, weil ich immer in allen Entscheidungen selbst mit „drin" stehen darf.

Druck zu heiraten

Bitte, denke nie,
daß ich in Beziehung zu dir trete,
weil ich nicht länger allein sein will.

Ich habe zu viel Einsamkeit in Ehen gesehen,
um noch glauben zu können,
daß die Ehe die Einsamkeit aufhebt.

Auch stört es mich nicht mehr,
daß Menschen mich fragen,
wann ich denn heiraten werde,
weil die meisten Ehen, die ich kenne,
nicht das sind,
was ich will.

Ich bin bereit,
für manche etwas komisch zu wirken,
weil ich allein bin,
weil ich alleinstehend bin
und noch nicht einmal einen Freund habe.
Ich werde dem Druck zu heiraten nicht nachgeben,
diesem kranken Druck unserer Gesellschaft,
die das Leben immer nur zu zweit sieht.

Ich will all diese Gründe wegwerfen
und feststellen, warum ich heiraten
oder allein bleiben will.
Ich muß mit meinen Entscheidungen leben,
niemand anders.

Ich würde gern mit meinen Eltern über meine Fragen zur Sexualität reden. Sie sind schon zwanzig Jahre verheiratet und müßten mich doch eigentlich verstehen und mir gute Gesprächspartner sein. Aber beide drücken sich immer, wenn ich auf das Thema zu sprechen komme. Haben sie Angst, oder was ist mit ihnen?

Falko

Lieber Falko,

den meisten Jugendlichen geht es so mit ihren Eltern. Trotz aller Offenheit in Aufklärungsbüchern, in Vorträgen, Romanen, Filmen und so weiter fällt es Eltern, Erwachsenen wohl überhaupt schwer, ernsthaft mit Jugendlichen über dieses Thema zu reden. Besonders unter Christen ist Sexualität noch immer eine stark tabuisierte Sache. Es ist ihnen einfach peinlich. Denke daran, daß mit Deinen Eltern wahrscheinlich auch nie jemand darüber geredet hat. Sie haben sich alles selbst anlesen und erarbeiten müssen und sind darum sehr unsicher.
Vielleicht solltest Du sie einzeln ansprechen und mit einer ganz konkreten Frage kommen. Manchmal ist es auch möglich, mit Freunden der Eltern ins Gespräch zu kommen. Könntest Du das mal versuchen? Vielleicht haben Deine Eltern Freunde, die etwas jünger und Dir im Alter etwas näher sind und zu denen Du Zutrauen hast. Das kann dann auch auf Umwegen zu einem Gespräch mit Deinen Eltern führen.
Gib Deine Eltern nicht auf. Versuche, Dich in ihre Lage zu versetzen. Wahrscheinlich fällt es ihnen sogar schwer, miteinander über diese Fragen zu sprechen. Gib aber auch nicht auf, Gesprächspartner für Deine Fragen zu suchen. Austausch ist zum Verstehen der Fragen um Sexualität, Liebe und Freundschaft sehr wichtig.

138

Deine Eltern

Jetzt bin ich allein mit dem,
was du mir gerade gesagt hast.
Deine Eltern lehnen mich ab
und wollen, daß du mich nicht mehr triffst.

Sie haben mir keine echte Chance gegeben.
Sie kennen mich überhaupt nicht,
und ich weiß nicht,
wie ich auf ihre Ablehnung reagieren soll.

Ich weiß, daß ich dich liebe,
aber ich weiß auch,
daß ich deine Familie mit dir heiraten werde,
auch wenn wir unsere eigene Welt bauen.

Aber es ist wichtig für mich, zu wissen,
ob du Vater und Mutter verlassen wirst,
um meine Frau zu werden,
daß deine Beziehung zu mir mit der Zeit
stärker sein wird als die zu ihnen.
Darum ist es ein großer Schritt,
und ich will dich nicht zu ihm zwingen.
Aber ohne diesen Schritt, den auch ich tun muß,
werden wir von unseren Familien
zerrissen werden.

Von dem Tag an, an dem wir uns entscheiden,
unser Leben gemeinsam zu führen,
müssen wir in erster Linie
einander zugewandt sein.

Mein Freund, mit dem ich schon seit einem Jahr gehe, scheint sehr an seinen Eltern zu hängen, besonders an seiner Mutter. Wenn wir wichtige Entscheidungen zu treffen haben, habe ich immer das Empfinden, daß er nachdenkt, was seine Eltern wohl tun würden. Manchmal finde ich es richtig blöde, weil ich doch mit ihm *zusammen bin und* seine *Meinung hören möchte.*
Als wir in letzter Zeit öfter über Heiratspläne sprachen, habe ich plötzlich Angst bekommen, daß ich nicht nur ihn heirate, sondern seine ganze Familie. Ich fühle mich nicht wohl bei dem Gedanken. Was ist da zu tun?

Cordula

Liebe Cordula,

natürlich heiratest Du die ganze Familie mit. In Deinem Freund ist die ganze Familie vertreten. Er ist nicht nur er selbst, sondern auch ein „Vertreter" seiner Familie. Keiner von uns lebt in einem luftleeren Raum. Seine Familie wird zu den Menschen gehören, mit denen Du mehr als mit anderen zusammenkommst. Er trägt die Prägung seiner Familie. Viele übersehen das bei ihren Freundschaften und sind nachher erstaunt, daß es viele Komplikationen mit den Familien gibt. Ich finde es darum gut, daß Du jetzt *diese Frage stellst.*
Zunächst ist es wichtig, daß Du Deine Gefühle ernst nimmst. Du bist enttäuscht, daß Dein Freund so wenig auf eigenen Füßen zu stehen scheint. Vielleicht hilft es Dir, zu verstehen, daß er gerade durch die Beziehung zu Dir lernt, unabhängiger zu werden. Deiner Schilderung nach scheint er sich noch überhaupt nicht von seinen Eltern und seiner Familie gelöst zu haben. Oft möchten Mütter diese Loslösung überhaupt nicht. Sie verlieren dann ja ihre Rolle als Mutter und haben Angst vor der Leere, die ohne diese Rolle auf sie zukommt. Darum hängen sie sich gerade an ihre Söhne und erwarten „Anhänglichkeit" von ihnen.
Es wird darum ganz wichtig sein, wie Du Dich verhältst. Um den Weg zu Dir wirklich zu finden, „muß er Vater und Mutter verlassen". Das ist die Ablösung. Ob er es schafft, hängt daran, ob Du zu Dir stehst und Deine Wünsche immer wieder sagst. Es gibt ja in solcher Situation auch Mädchen, die sich dann ganz in die Familie des Freundes begeben und auch noch in ein Abhängigkeitsverhältnis zu

140

den Eltern treten. Viele Eltern finden das besonders „lieb“. Aber damit
ist weder den Eltern in ihrem Wachstum geholfen (sie müssen weiter
kommen als nur ihre Erfüllung in ihrer Vater- und Mutterrolle zu
sehen) noch dem Sohn (der dadurch nicht das „Ablösen“ lernt und
immer auf einer Kindstufe stehenbleibt) noch dem Mädchen (die
höchstwahrscheinlich ihre eigene Entwicklung zum Frausein unter-
bricht).
Natürlich ist es auch gut, wenn sich ein junger Mensch für die
Meinung seiner Eltern interessiert, besonders wenn ein gutes Verhältnis
besteht. Aber dieses Interesse darf nie eine Art Ausweg vor der eigenen
Entwicklung sein. Wenn Dein Freund seine Eltern um Rat fragt, dann
aber am Ende seine eigene Entscheidung trifft, und diese besonders
auch mit Dir – was Euer gemeinsames Leben betrifft –, dann ist das
ein guter Weg. Wenn er sich aber von seinen Eltern die Verantwortlich-
keit für sein Leben abnehmen läßt, dann wird es auch für Dich mit
ihm schwer werden. Dann heiratest Du auf eine ungute Weise die
ganze Familie mit.
Du mußt wissen, wie lange Du bereit und fähig bist, ihn auf seinem
Ablösewege zu begleiten. Wenn Du eine Entwicklung bei ihm
entdeckst, wenn er also nicht da stehenbleiben will, wo er ist, dann hab
doch noch Geduld. Bei manchen fällt der Groschen langsam, ehe sie
merken, daß sie in ein erwachsenes Leben treten, für das sie
Verantwortung übernehmen müssen. Wenn Du Dich aber überfordert
fühlst und Dich selbst dabei verlierst, müßt Ihr eine andere Lösung
finden. In jedem Fall solltest Du bald mit Deinem Freund darüber
reden. Vielleicht kannst Du ja auch mal fragen, was er zu dem Text
des Alten Testaments: „Vater und Mutter verlassen“ meint. Und
versuche ihm deutlich zu erklären, was Du Dir wünschst und wie Ihr
dort gemeinsam hinkommen könntet.

Ich habe Sehnsucht nach dir,
aber ich weiß nicht, wer du bist
und wo du lebst.

Vielleicht gibt es dich
nur in mir,
und ich habe
den entscheidenden Stein
in mir,
unter dem du ruhst,
noch nicht umgedreht.

So
suche
ich die Heimat,
die ich mir selbst werden muß.

Du siehst an mir vorbei
auf deiner Suche
nach deiner Traumfrau.

Wenn du dich für mich entscheidest,
total und bedingungslos,
werde ich so sehr Traumfrau sein,
wie es sie überhaupt gibt.

Aber im Augenblick
steht sie noch zwischen uns.

Erschreckendes
auch das kann ich sein

1
Manchmal sammelt sich Blut
in meinem Mund.
Meine Finger werden stählern.
Rauh ziehe ich die Luft ein.
Ich bin ein Raubtier.

2
Ich nehme deine Liebe nicht wahr.
Bleiern ist mein Käfig.
In der Enge verstehe ich alles falsch.

3
Kleinlich und unfrei kann ich sein,
wenn ich dich mit meinen Anklagen
versuche zu knebeln
und du nicht weißt, wie dir geschieht.

4
Ich kann Stücke aus dir reißen
und dabei nichts empfinden.
Es ist, als hätte ich mir
das Schmerzen abgewöhnt.

5
Mit meiner kühlen Korrektheit
kann ich dich in die Verzweiflung treiben
und mich dabei schuldlos fühlen.

6
Tagelang
kann ich in meinem Labyrinth umherirren
und nicht hinausfinden.
Jeder Weg führt mich
zu meinem immer weiter verarmenden Selbst.
Du wartest an der Pforte,
aber ich höre dein Rufen nicht.
Ich habe mich selbst gefangengenommen.

7
Ich fühle mich durch deine Freiheit gefährdet
und greife genau das an,
was ich in dir ins Leben gerufen habe.
Eine Zerstörungswut erfaßt mich,
weil ich meine, mich selbst retten zu müssen.

8
Auch dafür entscheidest du dich,
wenn du dich für mich entscheidest.
So kann ich sein,
das ist in mir.
Das mußt du wissen, jetzt,
mußt du vielleicht erleiden,
bis ich mich verändern kann,
vielleicht mit deiner Hilfe.

Worüber ich zuerst einmal mit Dir reden möchte, das ist das Thema Sexualität. Ich glaube ja grundsätzlich, daß sie eine gute Gabe Gottes ist. Doch das ist irgendwie noch nicht so recht in mein Bewußtsein eingedrungen, sondern mehr nur bloßes Wissen, womit ich in konkreten Situationen wenig oder nichts anfangen kann. Ich frage mich, welchen Sinn und Zweck meine Sexualität hat, wenn ich sie meinem Gewissen nach nicht ausleben kann. Ich bin weder verlobt noch verheiratet und habe auch keine feste Freundin oder sonstwie sexuelle Kontakte zu einem Mädchen, obwohl dieser Trieb auch in mir ganz normal existiert. Aber mein Gewissen hindert mich daran, sexuelle Kontakte aufzunehmen. Besonders interessiert mich das Stichwort „Sublimierung". Soviel ich bisher weiß, ist damit eine Umwandlung des Sexualtriebes gemeint. Also, daß diese Energie qualitativ verändert wird. Ich wäre für praktische Informationen dankbar, wie Sublimierung möglich ist, oder ob sie vielleicht gar nicht erstrebenswert ist. Momentan bin ich auf einem Lehrgang und treffe dabei Menschen, die der Sexualität ganz anders – freier – gegenüberstehen. Andererseits lese ich bei Bonhoeffer, daß Zucht eine Station auf dem Weg zur Freiheit ist. Da scheint sich doch wohl etwas zu widersprechen. Warum sollte ich meine Sexualität nicht ausleben, wenn Gott sie mir doch gegeben hat? Ich denke, daß ich da bisher immer etwas unterdrückt habe, das jetzt wohl stärker als zuvor an die Oberfläche will. Aber in meiner jetzigen Lebensvorstellung – Weltbild, Vorstellung eines Christen – hat es keinen rechten Platz.

Norbert

Lieber Norbert,

Deine Fragen haben sicherlich auch viele andere. Sie auf ein paar Seiten zu beantworten ist fast unmöglich. Aber ich will wenigstens ein paar Gedanken anreißen. Wenn wir eine Fähigkeit besitzen, heißt das ja noch lange nicht, daß wir sie dann auch ausleben müssen. Ich glaube, unser Problem ist immer wieder das eine oder das andere Extrem. Wir meinen, entweder müßten wir unseren Trieben nachgeben oder wir müßten ganz enthaltsam leben, und meistens liegt die Antwort irgendwo in der Mitte. Und zwar nicht im „goldenen Mittelweg", sondern bei der Spannung zwischen den beiden Wegen. Es

148

geht also um die richtige Anwendung und den richtigen Einsatz unseres Sexualtriebes.

Damit sind wir auf einem ganz anderen Gleis. Es geht nicht mehr in erster Linie um ein Ausleben dessen, was ich in mir verspüre, sondern um ein Erkennen der richtigen Umstände und des richtigen Zeitpunktes. Die meisten Menschen, die ich kenne, die vom Ausleben sprechen, denken gar nicht an die Umstände und denken nicht wirklich an den Partner. Sie befriedigen sich selbst durch den anderen. Und das schafft nicht Beziehung und Kommunikation, sondern Beziehungslosigkeit und Zerstörung. Ich nehme an, daß Du das nicht willst.

Unsere sexuellen Bedürfnisse sind also nicht gesondert von dem restlichen Menschen zu verstehen. Ich möchte auch hier keine Regel aufstellen, sondern nur ermutigen, die verschiedenen Seiten in Dir zu integrieren und Dich nicht in Teile zu teilen, die dann unabhängig voneinander handeln. Es gibt ja genug Sexualathleten in unserer Gesellschaft, die ihre Sexualität von ihrem sonstigen Menschsein abgesplittert haben. Sie sehen dann auch nicht mehr den Zusammenhang zwischen Sexualtrieb und Liebe, und ihre Sexualität ist leer und nur etwas Körperliches.

Du schreibst, daß Du 21 bist. Ich nehme mal an, daß Du in absehbarer Zeit auf eine Ehe zugehst. Da ist es sehr wichtig, jetzt zu überlegen, wie Du Dich zu Deinen sexuellen Bedürfnissen stellen willst. Wem es vor der Ehe in erster Linie um Befriedigung geht, wird auch in der Ehe so leben. Warum sollte er sich da auch ändern? Jetzt „darf" er es sogar – er ist ja verheiratet. Aber diese so gelebte Sexualität wird zerstörend wirken. Es gibt genug verheiratete Frauen, die sich von ihren Männern gebraucht fühlen, die sich als Prostituierte innerhalb der Ehe erleben.

Wenn wir also unsere sexuellen Bedürfnisse als eine Möglichkeit des Liebens verstehen, so wird der andere sehr wichtig, und ich kann eben nicht drauflos leben. Es geht eben genau darum, zu lernen, diese Spannung auszuleben und nicht auf die eine oder andere Seite umkippen zu lassen. Es tut auch nicht gut, sexuelle Bedürfnisse gänzlich zu verdrängen und so zu tun, als hätte man sie nicht. Nein. Ich muß lernen, mit ihnen umzugehen, wie auch mit meiner Körperkraft. Ich bin doch auch fähig, mit meiner Körperkraft sehr viel Destruktives zu tun. Ich tue es aber nicht, weil ich doch aufbauend

150

und lebensfördernd sein will. Freiheit darf nicht mit Zügellosigkeit verwechselt werden. Verantwortliches Handeln führt in die Freiheit. Und zum verantwortlichen Handeln kann auch Zurückhaltung gehören. Sich nur auszuleben bringt meistens Unfreiheit mit sich. Du fragst in Deinem Brief auch nach Sublimierung (Erhöhung, Verfeinerung). Unser Sexualtrieb, unser Wunsch auch nach körperlicher Vereinigung, ist sehr stark und enthält viel Energie. Manch einer weiß sich vor diesem Bedürfnis nicht zu retten und meint, nur durch Ausleben damit fertig zu werden. Da kommen dann so Aussagen wie: „Man braucht sexuelle Betätigung!" Oder: „Ich kann nichts dagegen tun!" Darin steckt ein Stück Resignation, ein dem Trieb Ausgeliefert-Sein. An dieser Stelle ist es wertvoll, den Gedanken der Sublimierung zu verstehen. Es geht mir dabei nicht in erster Linie um ein Verdrängen, sondern um ein Umdirigieren der erwähnten Energie. Ich möchte grundsätzlich in meinem Leben Herr über die Energien sein. Ich möchte also entscheiden, was ich mit den Energien machen möchte, und mich nicht von ihnen bestimmen lassen. Wir sind uns einig, daß die sexuelle Energie in uns stark ist. Wenn ich sie auslebe, bevor ich in einem festen Verhältnis stehe, bevor ich mich für einen Menschen entschieden habe, mich positiv gebunden habe, laufe ich Gefahr, mit dem Ausleben bei mir selbst und bei anderen allerhand kaputtzumachen. Sicherlich kennst Du auch Verhältnisse, in die das Sexuelle mit hineingenommen wurde, wo Menschen sehr stark daran zu knacken hatten und es einfach nicht richtig verarbeiten konnten, wenn das Verhältnis dann später auseinander ging. Dazu kommt dann auch noch oft, daß sich eine Art Fixierung entwickelt, wenn das Sexuelle erst einmal ausgelebt wird. Das Sexuelle beginnt zu stark zu bestimmen, und andere Ausdrucksmöglichkeiten der Liebe werden nicht entwickelt. Das Verhältnis wird zu eng gestaltet. Wenn das schon in der Jugend, vor der Ehe passiert, wird diese Art „Verarbeitung" auch mit in die Ehe genommen. Darum gibt es viele Ehen, die sich so stark um das Sexuelle drehen und dabei nicht froh werden und nicht reifen. Darum halte ich die Sublimierung wirklich für eine gute Lösung. Ehe ich aber an das Thema gehe, noch eine andere Überlegung: Man sagt, daß die Jahre bis zum fünfundzwanzigsten Lebensjahr die seien, in denen wir grundsätzlich unser zukünftiges Leben „anlegen". Die Gedanken, die wir bis zum fünfundzwanzigsten Lebensjahr ange-

dacht haben, die Wege, die wir eingeschlagen haben, die Haltungen, die wir bis dahin zu entwickeln begonnen haben, die Erlebnisweisen, die wir kennengelernt haben, werden wir später im Leben „besitzen". Also nur das, was wir begonnen haben, werden wir später leben und vervollständigen können. Das, was wir nicht in unseren Gesichtskreis aufgenommen haben, wo wir nicht den Anfang eines Weges gebaut haben, werden wir später im Leben nicht mehr erarbeiten und vertiefen können. Es wird uns verschlossen bleiben. Wenn wir von diesem Gedanken ausgehen, stellen wir fest, daß gerade die Zeit nach der Pubertät bis in die Mittzwanziger eine ungeheure Wichtigkeit hat, weil das die Jahre sind, in denen wir unsere eigene Zukunft bauen. Dies ist natürlich auch die Zeit, in der wir uns stärker als sexuelle Wesen mit Wünschen erleben. Da entsteht ganz stark der Wunsch, uns einem Menschen ausschließlich zuzuwenden. Wir wünschen uns die Geborgenheit eines festen Verhältnisses, erleben den Wunsch, uns sexuell zu betätigen.

Dann spüren wir in uns auch die ungeheure Energie, die wir dafür aufbringen würden. Aber darin liegt auch die große Gefahr, auf die so viele Menschen hereinfallen. Wenn wir nämlich gerade in diesen Jahren unsere Energie an einer Stelle fixieren, werden wir eben „eng" leben und sehr wenige „Wege in die Zukunft bauen". Wir werden uns begrenzen und später in einem eng begrenzten Leben stehen. Natürlich gibt es auch Ausnahmen. Auch später noch kann das Leben „entgrenzt" werden. Und doch müssen wir den Grundgedanken sehr ernst nehmen.

Ich kann die Energie, die ich in mir spüre, in die verschiedensten geistigen Bereiche hineingeben und dort Zukunft „anlegen". So würde ich Sublimierung verstehen. Die Energie wird umgewandelt, umdirigiert, woanders angelegt. Vielleicht empfindest Du das als Verdrängung, aber ich glaube, wenn wir die Energie in ein anderes Gebiet einfließen lassen, wird sich dieses Gebiet als interessant und faszinierend auftun, und wir werden unsere neue Tätigkeit nicht als Verdrängung empfinden. Für mich war das Schreiben und Malen mit achtzehn, neunzehn, zwanzig sehr wichtig, und ich vermute, daß sich da auch einiges an Sublimierung abspielte. Aber gleichzeitig wurde das Schreiben zu einem ganz wichtigen Bestandteil meines Lebens und hat mich ungeheuer bereichert und bis heute begleitet. Ich habe da nicht nur einen Trieb sublimiert und ihn meinem Willen unterstellt,

152

sondern ich habe dadurch auch viel freie Zeit gehabt, die ich nicht gehabt hätte, wenn ich mich in den Jahren schon stark auf eine Person konzentriert und viel von meiner Freizeit mit ihr und den daraus erwachsenden Problemen verbracht hätte.

Die effektivste Sublimierung liegt im Bereich des Geistigen, der geistigen Beschäftigung. Sublimierung durch den Sport scheint mir nicht die gewünschten Resultate zu bringen. Wahrscheinlich muß die sublimierende Tätigkeit vom Körper in einen Bereich wegführen, in dem wir uns be„geist"ern können. In dem wir uns selbst ausdrücken können und etwas finden, was uns wirklich gefangennimmt. Einige Vorschläge:

1. Sich für einen Bereich der Kunst, Literatur oder des Films interessieren.

2. Wieder die Kunst des Briefschreibens entdecken.

3. Freunde finden, mit denen man sich gerne lange und intensiv unterhält, vielleicht auch gerade in einem Kreis mit mehreren.

4. Sich für ein Hobby entscheiden, in das man viel investieren kann.

5. In der Gemeinde mitarbeiten, besonders da, wo es nicht immer wieder zu Frustrationen führt, sondern wirklich lebenserfülllend sein kann.

6. Energien in Schule und Ausbildung hineinstecken.

Ich möchte noch mal zusammenfassen: Der Sexualtrieb mit seiner Energie ist nicht umsonst da, sondern bietet uns eine Möglichkeit, uns in zweifacher Weise positiv zu entwickeln, um später im Leben wirklich reich zu sein: 1. Nicht unseren Trieben ausgeliefert zu sein, sondern zu lernen, mit ihnen umzugehen. 2. Gerade die in uns liegende Energie einzusetzen, um in Bereiche vorzustoßen, in die wir nicht hineinkämen, wenn wir diese Energie nicht zur Verfügung hätten.

Mach das nicht!
Du bist mehr wert.
Überleg es dir erst.
Es muß von dir,
von deinem Herzen kommen,
du kannst es nicht nur
um des anderen willen tun.
Es muß deine Entscheidung sein,
und dafür brauchst du Zeit.

Hab dich lieb.
Sei gut zu dir.
Laß dir Zeit.
Steh zu dir.
Entwürdige dich nicht.

Schwach und stark

Es fällt mir schwer, dir zu glauben,
wenn du so den Starken spielst.
Du erinnerst mich dann an meine Sportkollegen
mit ihren Kraftbeweisen.

Am stärksten habe ich dich erlebt,
als du mir damals erzählt hast,
was dir angst macht,
wovon du träumst
(am Tag und in der Nacht)
und was du dich kaum zu denken traust.

Und das war nicht,
weil ich mich dann stark fühlen
und dich beschützen konnte,
überhaupt nicht,
sondern weil ich dann auch
meine Ängste ansehen konnte.
Nach dem Abend habe ich mich
auf eine ganz andere Art stark gefühlt.
Ich habe die Stärke gespürt,
die dadurch kommt,
daß man zu sich stehen darf,
und das hast du mir erlaubt.

Weißt du noch?
Kommst du mit in die Verletzbarkeit?

*Meine Freundin möchte, daß wir uns Briefe schreiben, obwohl wir nur
40 km auseinander wohnen. Außerdem habe ich ein Auto, und wir
sehen uns darum häufiger. Ich finde das kurios und manchmal ein
bißchen albern, wenn ich Post von ihr bekomme. Ich sehe einfach
keinen Grund dafür.*

Dieter

Lieber Dieter,

*ich finde es gut, daß deine Freundin zusätzlich zu Euren
Begegnungen noch Briefe wechseln möchte. Ich wünsche jedem Paar
die Möglichkeit und Erfahrung des Korrespondierens. Ich würde es
sogar manchen Leuten, die am gleichen Ort wohnen, als guten Tip
vorschlagen.*
*Vielleicht kann Dir Deine Freundin manches nicht direkt sagen.
Vielleicht ist ihr manches zu peinlich, oder Ihr findet einfach nicht die
Zeit dazu. Es kann auch sein, daß sie manches erst länger
durchdenken möchte, ehe sie dazu etwas aussagt. Diese Möglichkeit
hat sie beim Schreiben. Beim Konzipieren des Briefes klärt sich in ihr
manches.*
*Du solltest es auch mal wirklich ernsthaft versuchen, auch wenn es
Dir vielleicht schwerfällt, dich schriftlich auszudrücken. Daß Du den
Wunsch Deiner Freundin albern findest, macht mich etwas stutzig. Es
scheint mir, als wenn Du sie gar nicht ernst nimmst. Wenn es für sie
wichtig ist, Dir etwas schriftlich zu geben, so hat das sicherlich einen
besonderen Grund. Und den solltest Du herausfinden.*

156

Er wird wieder so laut
und will unbedingt zeigen,
was er alles kann.
Und ich merke,
daß er das wegen mir macht.
Merkt er denn nicht,
daß mich das nicht beeindruckt,
sondern nur abstellt?
All sein Wissen und Können bedeuten mir wenig.
Die Art ist mir wichtiger.

Jetzt kommt er hier rüber,
und ich spüre, daß er will,
daß ich ihn gut finde.
Ich werde ehrlich sein
und versuchen, nicht hart zu werden.
Ich werde ihm sagen, was ich denke,
ohne ihn dabei fertigzumachen.
Ich werde ihm erklären, was meine Werte sind.

Deine Sehnsucht reicht mir nicht

Er hob sie in die Luft, drehte sich im Kreis mit ihr und setzte sie wieder auf den Rasen. Sie trug ein helles Sommerkleid. Der Himmel war blau. Alles war leicht und sonnig. Er hatte seinen Traum erreicht.

Auch sie hatte davon geträumt. Sie hatte sich in dem Kleid geträumt, jetzt trug sie es. Aber vor einigen Wochen hatte sie begonnen, diesen Traum als zu wenig zu erleben. Es hatte sie überrascht. Es hatte damit angefangen, daß sie sich in ihrem Traum zusah. Sie war nicht mehr in dem Traum, sondern mehr und mehr Beobachter. Erst war die Distanz zu sich selbst erregend, aber dann wurde sie beängstigend. Dann kam diese undefinierbare Unzufriedenheit. Daraus wurde dann das klare „zu wenig". Erst hatte sie diese Worte vor sich selbst verborgen. Sie erlebte sie zunächst nur als die Schuld der Undankbarkeit. Dann aber begriff sie, daß es mit ihrer Sehnsucht nach Leben zusammenhing.

Seine Stärke ist mir zu wenig! Seine Sehnsucht ist mir zu wenig! Seine Verletzbarkeit ist mir zu wenig! Ich bin überall hautloser als er. Ich will weiter, höher, tiefer. Ich bin nicht mehr verliebt, wie ich es war. Ich will lieben: tief, unendlich, frei, erschreckend. Und damit mache ich ihm immer angst. Und so nehme ich mich zurück.

Damals, vor einem Jahr, als alles begann, da wollte er mit, da habe ich ihn mitgerissen und mich gewundert, daß er tatsächlich mit wollte. Er war der erste junge Mann gewesen, der sich so mit ihr einließ und dem sie mit ihrem Tempo nicht davonlief. Aber jetzt war es anders. Es ging nicht mehr um das Momentane, das Enthusiastische, das Ekstatische, das Verrückte. Sachlich stellte sie fest, was sie wollte und was nicht mehr. Sie spürte, was ihr Leben erfüllen würde. Sie war über die Spielerei mit dem Leben zum Leben selbst vorgedrungen, und dabei war sie nun drauf und dran, auch ihn zu verlieren. Durch die Beziehung zu ihm hatte sie festgestellt, was sie wollte, und er hatte ihr immer Mut gemacht, sich zu dem zu stellen, was sie wollte. Durch diese Beziehung war in ihr die Kraft gewachsen, nicht mehr mit weniger zufrieden zu sein.

Dann kam wieder die andere Stimme in ihr hoch. Gib dich zufrieden! Er kommt doch fast mit. Er versteht doch, daß du weiter willst, laß ihm Zeit. Er wird dich nicht aufhalten.

Aber dann schrie sie gegen sich selbst an: Ich will nicht nur jemand, der mitkommt, den ich mitziehe. Ich will jemand, der neben mir geht, der auch mal vorausgeht. Ich will jemand, der genauso stark will, wie ich will, der sich nicht an mein Leben hängt und den ich dann durchtrage, durchschleppe. Ich will einen Partner.

An dem Wort „Partner" hielt sie sich dann fest. Partnerschaft, Ebenbürtigkeit, nicht Gleichheit oder Gleichberechtigung. Die Sache mit dem Recht war ihr sowieso im Augenblick egal. Es kommt nur auf die Sehnsucht an, sagte sie dann, den Lebenshunger. Und wo der nicht gleich groß ist, ist es eine große Not.

Langsam wuchs in ihr der Mut, ihm das zu sagen. Sie wollte ihm kein Ultimatum stellen. Das wäre unfair. Aber genauso unfair wäre, ihm diese Gedanken zu verheimlichen. Sie hatte Angst, daß er sich für sie verändern würde. Von sich selbst ausgehend, wußte sie, daß man eigentlich nur für sich selbst leben kann, daß man sich nur für sich selbst verändern kann. Alles andere hält nicht. Was man nicht in sich begreift, kann man nicht erfüllen. So würde auch ihre Sehnsucht immer wieder durchbrechen, wenn es ihr auch im Augenblick gelänge, sie zurückzustellen. Und sie würde ihn erschrecken und zerstören mit ihrer Sehnsucht-Not. Und das wollte sie nicht.

Sie erschrak vor ihrer eigenen Heftigkeit, vor der Tiefe ihres Wunsches und dachte: Wo finde ich jemand, der mir gewachsen ist, der nicht Angst bekommt vor meiner Intensität?

Deutung

Was du fühlst,
fühlst du!
Aber wenn du es erklärst
und sagst, daß du es fühlst,
weil du meinst,
ich wäre so und so,
dann beginne ich mich zu wehren.

Ich will nicht gedeutet werden,
sondern gefragt werden,
wie ich etwas meine
und was ich denke.
Ich will dir sagen, was ich wünsche.
Du brauchst es nicht zu erraten.
Fehldeutungen passieren zu schnell,
und Gefühle aufgrund von Fehldeutungen
haben ungeheure Macht,
uns zu trennen.

Frag mich, was ich denke, fühle, meine,
und ich werde dich auch fragen.

Trennung

1
Ich weiß, daß du vor dem Wort „Trennung"
Angst hast,
und doch müssen wir drüber sprechen,
weil ich mich gefangen fühle,
wenn ich nicht drüber reden darf.

Unsere Beziehung ist noch so jung und neu,
noch so am Anfang,
und alles ist noch offen.
Darum müssen wir auch offen
über unsere Gefühle und Gedanken reden können.
Wie sollen wir sonst entscheiden,
wie es mit uns weitergeht?

Wenn wir einander diese Freiheit
zur Entscheidung nehmen,
machen wir uns nur etwas vor.
Wir tun, als ob wir einander näher seien,
als wir es wirklich sind.
Wir geben Entscheidungen vor,
die wir noch nicht getroffen haben.
Wir schützen uns selbst
und einander
und meinen, wir täten es aus Liebe.

2

Ich habe oft beobachtet,
daß Menschen eine Beziehung weiter fortführen,
nur weil sie sie einmal begonnen haben
und weil sie Angst haben, sie zu beenden.
Unklarheit ist ihnen lieber
als die Verlegenheit eines offenen Gesprächs.
Sie verdrängen ihre Empfindungen lieber,
als sich dem Ärger des Partners zu stellen.
Mittelmäßigkeit ist ungefährlich,
und so lächeln sie viel.

Schon eine Woche oder ein Monat Trennung
ist ihnen zu viel.
Es ist, als hätten sie Angst davor,
alles noch einmal allein durchdenken zu müssen.
Aber als Erklärung wird gegeben:
Ich will niemand weh tun!
Was würde sie denken?
Wäre das fair?
Was würde er sagen?

Aber sie merken nicht,
wie sie einander in der Tiefe
durch ihre Unoffenheit verletzen
und wie der Schmerz am Ende viel größer ist,
wenn sie heiraten, ohne es wirklich zu wollen.

3
Bitte, denke nicht,
daß meine Liebe verschwunden ist,
weil ich das alles so sage.
Nein, ich liebe dich so wie vorher.
Ich traue es unserer Beziehung zu,
daß wir auch über Trennung reden können.

Ich will nicht in eine Ehe hineinschlittern.
Ich will mich klar entscheiden
und nicht heiraten, weil ich den Mut nicht habe,
nicht zu heiraten.
Ich will nicht mit dir rechnen,
und ich will nicht, daß du mit mir rechnest.
Ich will den Punkt erreichen,
wo wir uns einander klar und deutlich versprechen.
Ich will wissen,
daß du dich mir zugewandt hast.
Und ich will dich wissen lassen,
wenn ich dich gewählt habe.

Das wird eine Grundlage sein,
auf der wir in Enttäuschungen,
in Langeweile und Verletzungen
bestehen können.

4
Wenn wir an unsere Liebe glauben,
dann brauchen wir keine Angst zu haben,
sie zu belasten,
auch mit dem Gewicht unserer Trennung,
um festzustellen,
ob sie die Spannung ertragen kann.

Ich versuche nicht, uns auseinanderzubrechen,
aber ich muß allein sein,
um mich ohne den Druck deiner Gegenwart
zu entscheiden.

Bitte versuche zu verstehen,
daß ich nicht ein Ehemann sein will,
weil ich etwas vernachlässigt habe.
Ich will nicht dein Mann werden,
weil du mich okay findest, kein schlechter Typ,
oder weil du keinen besseren finden konntest.
Das ist mir zu wenig.
Und ich will dich nicht zur Frau,
weil ich ja nun auch irgendwann einmal
heiraten sollte.
Das ist entwürdigend.

Viele Ehen sind mir zuwider,
weil nichts in ihnen passiert.
Zwei leblose Wesen
teilen den gleichen Raum miteinander.
Mehr scheint nicht dazusein.

Nie will ich, daß unsere Beziehung so wird.

Andere sehen uns zu

Ich weiß, daß uns andere zusehen
und sich darüber Gedanken machen,
ob wir zueinander passen.
Wird sie gut für ihn sein?
Wird er gut für sie sein?

Wenn ich sie sehe,
kann ich mir ihre Gedanken vorstellen,
und ich merke, daß ich davon betroffen bin.
Es ist mir nicht egal,
was über mich gedacht wird.

Aber wir müssen darauf achten,
nicht einen Lebensstil zu wählen,
um den Erwartungen der Umwelt gerecht
zu werden.
Wir müssen in uns entscheiden,
was wir wollen und was nicht.

Es ist schwer, frei zu sein
in einer Welt voller Meinungen,
und nichts ist leichter, als sich anzupassen,
vorgezeichneten Mustern zu folgen
und so sein eigenes Leben zu verfehlen.

Fragebogen 3

1. Kann ich den Schmerz, den der andere mir macht,
   wirklich bejahen, oder mache ich ihm/ihr
   immer noch einen Vorwurf daraus?

2. Welche Seiten an mir wollen nicht erwachsen
   und weiter verhätschelt werden?

3. Erwarte ich Entscheidungen vom andern genau
   dann, wenn ich selbst nicht bereit bin,
   Entscheidungen zu treffen?

4. Fehlen mir noch Informationen,
   um klarere Entscheidungen zu treffen,
   oder muß ich lernen, risikofreudiger zu werden
   und auch Entscheidungen zu treffen,
   wenn alles noch nicht absolut klar ist?

5. Was will ich eigentlich? Will ich das wirklich?
   Bin ich bereit, darüber mit dem anderen zu reden?

6. Habe ich Angst, mich durch eine Entscheidung
   festzulegen,
   und fürchte ich, meine Freiheit zu verlieren?

8. Bin ich bereit,
   eine Beziehung klar und unmißverständlich
   zu beenden,
   wenn sie keine Zukunft hat?

9. Nach welchen Kriterien beurteile ich,
   ob eine Beziehung Zukunft hat?

10. Wie könnten mein Wille,
    meine Entschlußfähigkeit wachsen?

11. Was suche ich in dieser Beziehung?

Warten

Ich habe dir viel von mir erzählt.
Ich habe dich in mein Leben eingelassen,
und du hast mich so gesehen
wie bisher noch kein anderer Mensch.
Und doch gibt es auch jetzt noch Zeiten,
wo ich das Bedürfnis habe,
mich zurückzuziehen.
Nur bei mir zu sein.
In mir.

Du merkst dann, wie ich überlege und abwäge,
ob ich etwas sagen kann oder nicht,
und mich dann manchmal entscheide,
nichts zu sagen.
Und ich spüre,
daß dich das
verletzt.

Aber ich weiß keinen anderen Weg.
Der Moment muß richtig sein.
Manche Räume in mir
kannst du nur mit großer Vorsicht betreten.
Selbst ich kann ihre Türen
nicht aufzwingen.
Sie tun sich von selbst auf,
wenn die Zeit richtig ist.

Warten ist oft das Schwierigste in der Liebe.
Dein und mein Warten.

Wachsen
aus dem Boden
der Liebe

Das Reifen

Der Wechsel von der dritten zur vierten Ebene ist ein fast unmerklicher. Die vierte Ebene ist die des *Wachsens*. Und meistens geschieht Wachsen immer still und heimlich, und oft entdecken wir erst rückblickend, daß wir gewachsen sind. Die vierte Ebene ist also die, wo wir ernten, was wir in den drei anderen Ebenen gesät haben. Und ich meine das wirklich positiv. Diese vierte Ebene ist nur zu erreichen, wenn wir die Entscheidung zum andern hin getroffen und wenn wir an unserer Liebe gearbeitet haben. Das Durchhalten, das Vergeben, das immer wieder neue Wege zum andern Suchen, das Aufgeben des Lust-und-Laune-Prinzips, das Entdecken meiner tieferen Wünsche, das Miteinandersprechen-Lernen, das Herausfordern, das Unabhängig-Werden, das alles wird jetzt umgemünzt in neue Einsichten, in einen Durchblick, den wir noch nie gehabt haben. Wir verstehen die Zusammenhänge der Liebe besser. Wir erkennen uns selbst tiefer, und wir verstehen unseren Partner besser. Kurz: Wir sind gewachsen. Wir erleben das beglückende Gefühl, daß es nicht umsonst war.

Ich möchte es vergleichen mit einer Bergtour. Man hat den Gipfel von unten gesehen, man hat gehört, daß der Ausblick vom Gipfel wunderbar sein soll. Und so hat man sich auf den Weg gemacht. Als dann die Schwierigkeiten begannen, hat man oft daran gedacht, aufzugeben, zurückzukehren. „Ich schaffe es ja doch nicht, es ist einfach zu schwer", war der Satz, der uns immer wieder durch den Kopf ging. Aber wir haben durchgehalten, durch unwegsame Wälder, über Gletscher, haben in Steilwänden gehangen, angespornt durch den Anblick des Gipfels.

Und dann stehen wir endlich auf dem Gipfel und sehen die Welt ganz anders, eben so, wie man sie nur vom Gipfel sehen kann. Und der Ausblick wäre nicht derselbe, wenn wir uns mit einem Hubschrauber hätten hochfliegen lassen. Der Ausblick trägt noch die Schwerarbeit, die wir gerade geleistet haben, in sich. Der Ausblick ist mit einem Einsatz verbunden gewesen. Und doch denken wir jetzt auf dem Gipfel nicht an die vielen notvollen Situationen unterhalb des Gipfels. Wir freuen uns, daß wir es geschafft haben. Es hat sich doch gelohnt!

Ich glaube, daß es im Bereich der Liebe überhaupt keinen Hubschrauber auf den Gipfel gibt. Wenn wir also die Liebe besser verstehen wollen, das Prinzip, durch das Gott in der Welt anwesend ist, das Lebensprinzip, dann können wir es nur, indem wir auch bereit sind, uns den Strapazen auszusetzen. Wenn wir tiefe Einsicht wünschen, müssen wir gewillt sein, Schmerzen zu ertragen.

Diese vierte Ebene ist wie eine Art Hochplateau und ähnelt in manchem der ersten Ebene. Auch hier gibt es eine Verzauberung. Der Blick vom Gipfel ist zauberhaft. Es gibt ein Glücksgefühl, an diesem Punkt im Leben stehen zu können. Wohl bestehen Ähnlichkeiten, aber der Blick von der vierten Ebene aus hat mehr Weite. Und doch gibt es auch hier wieder Gefahren.

Nachdem wir den Gipfel einmal genossen haben, sehen wir uns um und stellen fest, daß in einiger Entfernung ein noch höherer Gipfel ist. Unser Gipfel ist nicht das letzte erreichbare Ziel. Wir erleben Enttäuschung und stellen auch fest, daß es auf dem Weg zum nächsten Gipfel wieder viele Hindernisse gibt.

Und so kommt wieder der Moment des Aufbruchs. Das Erreichte wird verlassen. Es mag sogar erst wieder ein Stück bergab gehen. Ärger, Schmerzen, Beschwerden. Es beginnt ein neuer Abschnitt, ein neuer Zyklus. Die verschiedenen Ebenen, die wir früher erlebt haben, durchwandern wir auch jetzt wieder, aber wir sind inzwischen reifer geworden und erleben sie darum auch etwas anders. Es ist also nicht ein sinnloser Kreislauf, sondern ein kontinuierliches Wachsen.

Oft kommt die Frage auf, ob wir auf diese Weise auch dann noch weiterwachsen, wenn wir durchschaut haben, was abläuft. Ich glaube ja und möchte in diesem Zusammenhang ein paar Schlußbemerkungen über das Verhältnis der Ebenen zueinander machen.

Manche meinen, man könne eine der Ebenen überspringen. Zum Beispiel die zweite, die Enttäuschung. Aber ohne Enttäuschung hört die Täuschung nicht auf. Es gibt Menschen, die scheinen in einem permanenten Verliebtsein zu leben, aber meine Feststellung ist, daß sie es auf Kosten des persönlichen Wachstums tun. Sie hinterfragen nichts, gehen Dingen nicht auf den Grund, verdrängen viel, und so gelingt es ihnen, Enttäuschungen miteinander zu vermeiden. Aber ihre Beziehung läuft auf einer sehr seichten Ebene ab.

Andere wiederum wollen das Verliebtsein überspringen. Sie sind sachlich, abgeklärt, stehen mit beiden Beinen auf der Erde (und sind dabei auch ein bißchen langweilig). Meistens verbirgt sich hinter dieser Einstellung eine Angst vor Enttäuschung. Unsere Fähigkeit zu lieben (uns auch zu verlieben) hängt direkt mit unserer Bereitwilligkeit, Enttäuschung zu erleben, zusammen. Wer Angst vor Enttäuschung hat, wird zurückhaltend lieben. Und sich selbst nicht zu geben heißt sich selbst berauben. Sich nicht mehr tief betreffen lassen, nicht verzaubert werden und nicht träumen können ist nicht ein Zeichen von Reife, sondern ein Armutszeugnis. Es ist darum wichtig, daß wir auch die erste Ebene nicht überspringen.

Ebenso wichtig, und das ist ja schon öfter angeklungen, ist, daß wir auf keiner Ebene stehenbleiben. Die Liebe ist etwas Dynamisches. Lieben heißt darum in Bewegung bleiben, sich verändern. Ich sagte schon zu Anfang, daß wir dazu neigen, etwas festhalten zu wollen, uns anzusiedeln. Das ist der Tod der Liebe. In der Wiederholung und Gewöhnung verlieren wir einander. Das Wachsen, die Bewegung sind die Kampfansagen gegen die Gewöhnung.

Und ein letzter Gedanke: Jede Phase hat ihre Zeit, ihre Dauer. Wir müssen lernen, sie nicht vorzeitig abzubrechen, aber sie auch nicht zu verschleppen. Dazu brauchen wir für uns selbst und besonders für unseren Partner viel Empfindsamkeit. Empfindsamkeit ist überhaupt das zentrale Wort im Leben einer jeden Beziehung. Ich wünsche uns, daß wir viele Entdeckungen in unserem Miteinander machen. Ich wünsche uns, daß uns die Gratwanderung gelingt, daß wir den Weg zwischen den Abgründen finden, zwischen der Vereinsamung einerseits und der Hörigkeit andererseits, zwischen permanenter Enttäuschung und Frustration einerseits und einem nur gespielten Hochgefühl andererseits, zwischen Miteinander-sein-Wollen, aber auch Allein-sein-Können. Ich wünsche uns, daß wir das Loslassen lernen, ohne wegzustoßen, und das Anziehen, ohne festzuhalten. Dann werden wir uns gegenseitig bereichern und alle, die uns kennenlernen. Das ist der Weg der Liebe zu sich selbst und zum andern.

Drei Worte

Heute,
in einem Anflug von Mut,
kann ich glauben,
daß es möglich ist,
ein Leben lang zu lieben,
gegen die Enttäuschung,
gegen alle Begrenzungen
und am Ende sogar gegen die Verzweiflung
und den Tod.

Der Mut kam
von den drei Worten,
die du gesprochen hast.

Ich habe dich gekannt
und festgehalten.
Da bist du mir
in den Händen gestorben.

Jetzt lasse ich dich wieder los,
indem ich nicht mehr behaupte,
dich zu kennen,
und bringe dich wieder zum Leben.

Du,
ich will dir sagen:
So, wie du bist,
ist es gut.
Glaub mir,
du brauchst nicht so zu sein,
wie du immer sein willst,
um mir zu gefallen.

Ich merke,
daß du mir nicht glaubst,
aber in Wirklichkeit
glaubst du dir nicht.

Du bist schön.

Dein Protest
ist für mich Protest.
Deine Fluchtversuche
sind für mich Fluchtversuche.
In deiner Enttäuschung
höre ich Enttäuschung.
Dein Zittern, das du Angst nennst,
erlebe ich als Angst.
Wenn du träumst,
folge ich den Bildern, die du beschreibst.
Ich nehme deine Worte,
wie du sie sagst.

Ich will nicht in allem
noch etwas anderes sehen.
Ich will dich nicht deuten,
weil ich dann nicht weiß,
ob ich dich
oder mich
sehe.

Zufrieden mit zu wenig

Du, ich will nicht so werden
wie das Ehepaar, das wir beide kennen,
die einander nichts mehr zu sagen haben,
die schon tot sind, ohne es zu wissen,
und die ihren Tod verstecken,
indem sie „lustig" und „nett" sind.

Vor zwanzig Jahren
haben sie einander geliebt,
aber sie haben nicht gewußt,
daß die Liebe gepflegt werden muß,
wenn sie überleben und wachsen soll.
Sie haben nicht gemerkt,
wie ihre Liebe von Jahr zu Jahr abstarb,
weil sie sich nicht um sie mühten.
Die Liebe setzt sich nicht von selbst fort,
wie es die Langeweile tut.
Die Liebe ist zerbrechlich und verletzbar,
und das ist ihre Stärke und Schwäche.

Komm, wir wollen darauf achten,
daß sich unsere Liebe nicht im Sande verläuft,
daß sie nicht nur Kameradschaft oder Sex wird
oder das Teilen von Dingen.

Wir wollen an unserer Liebe arbeiten
mit der Phantasie, die sie erhalten kann.
Fängst du heute mit mir an?
Morgen wird es schon schwer sein,
wenn wir uns erst daran gewöhnt haben,
nicht an unserer Liebe zu arbeiten.

Ich verändere mich ständig

Ich weiß, daß ich das Gegenteil sage
von dem, was ich letzte Woche gesagt habe.
Aber bitte nagle mich doch nicht fest
auf den Aussagen der letzten Woche
oder des letzten Monats.
Ich verändere mich ständig,
sehe Dinge immer wieder in einem anderen Licht,
revidiere, bewerte neu.

Wenn ich mich nicht so verändern darf,
werde ich in unserer Liebe sterben.
Wenn ich an etwas festhalten soll,
was ich nicht mehr glaube,
wird mein Glaube hohl sein.
Wenn ich meine Augen schließen soll
vor neuen Herausforderungen und Hindernissen,
wird sich mein Leben in Wiederholungen totlaufen.
Zwar wird mit mir zu rechnen sein,
ich werde vorhersagbar sein,
aber meine Entwicklung wird stagnieren.

Ich kann dir nicht versprechen,
wer ich von Monat zu Monat, von Jahr zu Jahr
sein werde.
Aber ich habe mich entschlossen, dich zu lieben,
so gut ich es kann.
Das ist die Festigkeit,
die ich dir anbieten kann.

Meine ganze Energie werde ich einsetzen,
um die Entscheidung, dich zu lieben,
jeden Tag neu zu leben.

Aber um das tun zu können,
brauche ich die Freiheit,
mich verändern zu dürfen.
Nur so bleibe ich lebendig,
und nur so bleibt meine Liebe schöpferisch.

Laß mir den Raum,
meine Freundin,
meine Geliebte,
und ich werde dich immer wieder
als Neuer, Veränderter überraschen,
und es wird nicht langweilig mit mir sein.

Mich selbst lieben

Wenn ich dich mehr liebe
als mich selbst,
liebe ich dich in Wirklichkeit weniger.

Wenn ich mich weniger liebe als dich,
mache ich es dir schwerer,
mich zu lieben.

Deine Liebe für mich
ist abhängig von der Liebe,
die ich für mich selbst habe.

Und meine Liebe für dich
wird stärker sein,
wenn du dich so liebst wie mich.

Die verlorene Welt in mir

Durch die fast unmerklichen Regungen
in dir
entdecke ich einen Weg
zu unbekannten Bereichen
in mir.

Deine Ahnungen
erschließen mir Ahnungen,
die in allen üblichen Gedanken
nur untergegangen wären.

Darum bitte ich dich,
daß du dich mir mitteilst,
weil sonst eine ganze Welt in mir
verschüttet bleibt.

Hilf mir, mich zu entdecken.

Schwierig

Wie schwierig ist es,
nicht an dich zu denken!
Und doch ist es nötig,
um meine Arbeit zu tun,
meinem Leben nachzugehen,
noch meine eigene Person zu bleiben
und nicht in dir wegzutauchen.

Ich will noch
ich selbst sein
in meiner Liebe zu dir.
Ich will mich nicht auflösen.

Ich weiß, daß es immer wieder Zeiten
geben wird, in denen sich das Leben
in Umkehrungen abzuspielen scheint:
Indem ich nicht bei dir bin,
werde ich mehr bei dir sein;
indem ich nicht rede,
werde ich mehr sagen;
indem ich dich einfach sein lasse,
werde ich dich tiefer lieben.

Empfindsamkeit

Du,
ich glaube immer noch:
Wenn die Empfindsamkeit weg ist,
dann ist eigentlich alles weg.
Der Rest ist nur Lautstärke, Grobheit,
Vordrängen, Verlachen, Bewitzeln.
Ohne Herz geht alles daneben,
auch wenn es sehr erfolgreich aussieht.

Willst du zurück zu deiner Empfindsamkeit?
Willst du wieder mehr spüren?
Dann höre erst einmal auf zu reden.
Sei still
gerade dann, wenn man Sprüche von dir erwartet
und enttäuscht ist, weil du schweigst.
Bleib still.
Hör in dich.
Hörst du dich?
Sag nichts,
schreib auf, was du hörst.

Und wage es, allein zu sein!
Es ist ein Wagnis, und wenige gehen es ein,
aber es gehört zum Preis der Empfindsamkeit.
Und fliehe nicht zu andern,
um nicht mehr bei dir sein zu müssen.
Das ist respektlos vor dir selbst.
In deiner Einsamkeit
wirst du das Weinen auch wieder lernen.

Wenn du wieder weinen kannst,
bist du schon weit gewachsen in Empfindsamkeit.
Aber weine nicht aus Selbstmitleid,
denn dann hörst du wieder auf zu wachsen.

Der Weg in die Empfindsamkeit,
ist der Weg zurück zu dir.
Du wartest eigentlich schon lange auf dich,
aber du warst inzwischen so beschäftigt,
den anderen mit ihren lauten Ansprüchen
gerecht zu werden,
daß du keine Zeit für dich hattest.
Du hattest keine Zeit, dich zu lieben
und deine Empfindungen wichtig zu nehmen,
und so sind sie langsam verschwunden.

Wenn du jetzt die Einsamkeit aushältst
und dich nicht in den Lärm stürzt,
wenn du das Weinen aushältst,
auch wenn es schmerzt,
wenn du still sein kannst
und hörst, was du dir sagst,
dann bist du bei dir angelangt.

Ich weiß,
daß wir nie ganz zueinanderfinden werden.
Du wirst immer du bleiben,
und ich werde immer ich sein.
Auch die Stärke unserer Sehnsucht
wird nicht überwinden,
daß deine Welt nicht meine ist,
und du wirst nie fühlen,
was ich fühle.
Wir bleiben gefangen,
du in deiner Haut
und ich in meiner.

Vielleicht ist das unser Glück,
das uns unterwegs hält.
Aus unserer Getrenntheit
wird unsere Sehnsucht geboren,
und sie ist die Quelle unserer Energie.

So betreten wir unbegangene Wege,
erfinden neue Sprachen,
überwinden alte Trennungen,
entdecken neue Zeichen
und geben nicht auf.

Ich sehe Fehler und Schwächen in dir,
weil ich dich liebe.

Wenn ich dich nicht liebte,
könnte ich mir einbilden,
du seist fehlerlos und nur stark.

Die Liebe sieht.
Gleichgültigkeit ist blind.

Randbemerkungen

1
Als sie sich trafen,
erschraken sie beide
über die Heftigkeit ihrer Liebe.
Aber gerade wegen dieser Heftigkeit
liebten sie sich selbst und einander
noch stärker.

Lebendigkeit ist leicht mit Liebe zu verwechseln.
Aber wer will behaupten,
daß sie nicht zumindest
miteinander verwandt sind?

2
Jemand zu lieben heißt
bereit sein, ihm Schmerzen zuzufügen,
ohne sich dann gleich zu entschuldigen.

Manchmal kann Liebe nur gezeigt werden,
indem sie Schmerzen macht.

3
Aus der Liebe
in den Schmerz zu fallen
ist manchmal die einzige Möglichkeit,
Liebe wirklich zu erleben.

4
In jedem Abschied
ist irgendwo die Vermutung,
daß wir uns nicht wiedersehen.
Darum halte ich dich länger als nötig.

5
Ihm war es zu nah,
er war ein Distanz-Typ.
Ihr war es nicht nah genug,
sie war ein Nähe-Typ.
Wenn nur einer der beiden
in den Wunsch des andern
hätte schlüpfen können,
wären sie einander begegnet.

6
Ich bin der Schwächere von uns beiden.
Ich habe keine Antwort mehr.

7
Was du *Offenheit* nennst,
ist deine Bindungsangst.
Manchmal meine ich,
daß all deine Theorien
nur Erklärungen für deine Ängste sind.
Aber daß du Angst hast, sagst du nie.
Du erfindest nur neue Theorien.

8
Liebe ist nicht das Gefühl eines Augenblicks,
sondern die bewußte Entscheidung
zu einem Lebensstil.

9
Was wir *vergeben* nennen,
ist oft nur *vergessen-wollen*.
Was wir *lieben* nennen,
ist oft nur *vergeben*.

10
Wenn du von deinem Partner enttäuscht bist,
hast du wahrscheinlich mit einer Illusion gelebt,
weil es dein Leben einfacher machte.
Es ist Zeit, dem wirklichen Menschen zu begegnen.

Es ist nicht zu spät,
die Person zu lieben,
mit der du bist.

11
Um wirklich frei zu sein,
muß ich erst die Angst durchmachen,
dich verlieren zu können.
Und um wirklich zu dir kommen zu können,
muß ich frei sein.

12
Du, wo ich auch anfange,
ich werde auf dich stoßen,
wenn ich mich wirklich finden will.

Was ich finde,
wirst du sein.
Machst du mit?

**Einige weniger bekannte Mörder
der Liebe**

– blinde Liebe
– Erwartungen
– Verlust des Respektes
  (zustande gekommen, indem man sich zu schnell
  zu nahe gekommen ist)
– Erpressung der Gefühle
– Bildermachen
  („Ich sehe dich als ..."
  „Ich stelle mir uns vor als ...")

– schockiert sein
– sich zu sehr sorgen
– gestern oder morgen leben
– den andern mehr als sich selbst lieben

– vorhersagen
– Schwierigkeiten aus dem Weg gehen
– alle Antworten haben
– sich des andern sicher sein

Fragebogen 4

1. Wie kann meine Liebesfähigkeit wachsen?
   Was kann ich dazu tun?

2. Wie ist das Lieben und Geliebt-Werden
   von Menschen mit Gott verbunden?

3. Ist die Liebe macht-los?

4. Setze ich meine Phantasie, meine Kreativität ein,
   wenn ich liebe?

5. Gibt es eine Liebe ohne Schmerz?

6. Ist meine Liebesfähigkeit von der Entwicklung
   meiner eigenen Persönlichkeit abhängig?
   Kann nur eine wirklich entwickelte Persönlichkeit
   tief lieben?

7. Wie stehen Liebe und Ausschließlichkeit
   in Beziehung zueinander?

8. Wieviel an meiner Liebe ist meine Entscheidung
   und wieviel Geschenk Gottes?

9. Welche Veränderungen in meinem Leben erwarte
   ich von einer größeren Liebesfähigkeit?

10. Ist der wahrhaft Liebende
    in unserer Kultur beliebt?

11. Gibt es ein menschliches Reifen,
    ohne in der Liebe zu reifen?

Zärtlichkeit

„Zärtlichkeit ist eine Existenzform", sagt der französische Philosoph Jean-Paul Sartre. Zärtlichkeit ist: die Welt mit einem liebenden Auge sehen. Der Zärtlichkeit gegenüber stehen Grobheit, Brutalität und Oberflächlichkeit. Zärtlichkeit hat mit dem Kleinen, Unscheinbaren, dem Vorsichtigen zu tun.
Zärtlichkeit ist eine Form der Wahrnehmung. Viele haben für Zärtlichkeit keinen Sinn, weil sie ihre Wahrnehmung nicht geschult haben. Sie haben nicht sehen und spüren gelernt. Sie können hauptsächlich nur durch Großes, Wichtiges betroffen werden. Das Kleine, Unwichtige, Zarte entgeht ihnen einfach, oder es rührt sie nicht in der Tiefe an.
Wahrnehmung ist für mich der Beginn des In-Beziehung-Tretens und von daher ein Akt der Liebe – weil Liebe Beziehung-Aufnehmen ist. Darum ist Zärtlichkeit der konkrete Ausdruck der Liebe oder der Zuwendung. Zärtlichkeit ist konkretisierte Liebe. Nur der Liebende kann wirklich zärtlich sein – und er wird es sein.
Weil Zärtlichkeit ein Ausdruck der Liebe ist, fällt sie unter die Aussagen, die die Liebe betreffen. So kann Zärtlichkeit nicht fordern oder manipulieren. Zärtlichkeit erwartet nicht etwas zurück. Sie ist eine Gabe, ein Geschenk an den anderen. Sie ist machtlos, und ihre Stärke liegt in der Haltung der Zuwendung des Zärtlichen selbst. Sie wirbt und setzt nicht unter Druck.

Die Zärtlichkeit des Körpers

Auf verschiedenen Ebenen haben wir das tiefe Bedürfnis, Zärtlichkeit zu geben und zu empfangen. In einer Zeit, in der auch die Zärtlichkeit einer Inflation unterworfen ist, in der das Kleine nicht mehr zählt und größer werden muß, um bedeutsam zu sein, ist es schwierig mit der Zärtlichkeit.

Für viele ist sie eine verlorene Sprache. Das Gröbere hat sie ersetzt. Es ist schwer geworden, mit Zärtlichkeit eine tiefe Aussage zu vermitteln. Das Laute übertönt sie. Und doch besteht das Bedürfnis nach Zärtlichkeit weiter. Unsere Zeit hungert nach dieser „Fremdsprache", und die unter uns, die sie noch sprechen, müssen sich ihrer bedienen als stilles, werbendes Angebot des Schutzes vor Verrohung.

Die Zärtlichkeit des Körpers ist wahrscheinlich die direkteste, die wir erleben, und für viele gerade deswegen sehr wohltuend. Diese Sprache der Zärtlichkeit braucht selten eine Übersetzung. Sie läuft nicht durch den Verstand wie andere Sprachen. Die streichelnde Hand ist überall zu verstehen. Sie ist nicht nur Hand, sondern der streichelnde Mensch steckt in ihr. Die Hand verkörpert die Zuwendung des Liebenden.

Dieser Vorgang wird erst bedeutsam, weil der Gestreichelte ihm Bedeutung gibt. Ein Arzt kann seinen Patienten sogar in Intimbereichen berühren – aber es wird nicht als Zärtlichkeit verstanden. Der Geliebte gibt der Hand des Liebenden die tiefe Bedeutung. Er weiß um die Bedeutung, weiß, was ausgedrückt werden soll.

Ich finde es besonders schön, daß uns Gott mit Haut „begabt" und uns eine so direkte Fühlfähigkeit und ein Gespür zur Kommunikation gegeben hat. Ohne fühlende Haut wären wir viel ärmer. Wir lieben mit unserer Haut und lassen uns durch unsere Haut lieben. Jesus selbst kam in unsere Haut und lebte mit ihr: Johannes lag an seiner Brust, er herzte die Kinder, er erlebte die Zuwendung Marias auf der Haut, als sie ihn salbte. Jesus war nicht körperfeindlich, sondern er gebrauchte seinen Körper, um zu lieben und sich lieben zu lassen.

Aber die körperliche Zärtlichkeit läßt in uns den Wunsch nach Zärtlichkeit in anderen Bereichen wach werden. Und vielleicht ist die körperliche Zärtlichkeit schon ein Ausdruck eines anderen Zärtlichkeitsbedürfnisses.

204

Die Zärtlichkeit der Seele

Für viele ist Zärtlichkeit nur ein körperlicher Ausdruck. Sie wissen nicht, daß sie auch mit ihrer Seele Zärtlichkeit ausdrücken können. Die seelische Zärtlichkeit passiert im Bereich des Gefühls. So ist es zum Beispiel möglich, uns gegenseitig ein tiefes Gefühl der Geborgenheit und des Angenommenseins zu vermitteln und damit zärtlich zu sein. Ich kann einem Menschen das Empfinden geben: Hier bist du zu Hause, hier bist du so, wie du bist, richtig angenommen.

Es gibt natürlich viele Bereiche, in denen das Körperliche und das Seelische ineinander übergehen. Durch eine körperliche Zuwendung erleben wir Schwingungen in unserer Seele. Das gibt dem Körperlichen eine zusätzliche Tiefe. Es bleibt nicht nur ein Hautkontakt, sondern es wird zu einem Seelenkontakt.

Leider kennen viele im Bereich des Seelischen nur eine sehr begrenzte Anzahl von Gefühlen. Das bewußte seelische Erleben ist bei vielen stark reduziert. Sie kennen Gefühle der Langeweile, des Ärgers, der Frustration und der Liebe, und oft dann auch nur in ihren sehr einfachen Formen. Liebe existiert oft nur als Verliebtsein und Ärger, nur als Ungehaltensein. (Die Gefühle werden in der Persönlichkeitsreifung des einzelnen nicht wirksam eingesetzt.) Das Gefühlsvokabular im Empfinden und auch im Ausdruck des Empfindens ist bei vielen sehr begrenzt.

Zärtlichkeit kann auch hier entwickelt werden und drückt sich dann in einer differenzierteren Empfindungsfähigkeit aus. Wir werden „neue" Gefühle entdecken und feststellen, daß wir mehr fühlen können (und es auch tun), als wir dachten. Besondere Instrumente der seelischen Zärtlichkeit sind die Augen und die Stimme. Wenn wir wirklich in unserer Stimme und unseren Augen sind, können wir einander in der Tiefe begegnen. Die Stimme in ihrer Modula-

205

tionsfähigkeit kann einladen oder abstoßen, lieben oder zerstören. Wir sagen, daß „Blicke töten können", und erleben es auch. Blicke können aber auch ins Leben rufen – wie kaum etwas anderes in der menschlichen Kommunikation. Die Augen sind nicht nur etwas Physiologisches, sondern Ausdruck der Seele.

Seelische Zärtlichkeit wird auch Erotik genannt. Es ist bezeichnend, daß wir in unserer Zeit das Wort umfunktioniert und daraus etwas Sexuelles gemacht haben. Damit ist uns etwas sehr Wichtiges verlorengegangen. Liebe ist für viele Sex, nur Sex. Der Verlust des seelischen Rahmens, der zusätzlichen Dimension, die den Menschen ganzheitlich anspricht, ist eine große Verarmung. Um totaler zueinander zu finden, müssen wir wieder den Bereich der seelischen Zärtlichkeit entdecken.

Die Zärtlichkeit des Geistes

Auch im Bereich des Geistigen (nicht: Geistlichen) gibt es eine Zärtlichkeit. Im Austausch zweier Menschen gibt es viele Chancen, Zärtlichkeit zu üben. In Vorsicht und Zartheit können wir an die Gedanken eines anderen herangehen und in tiefem Respekt mit ihnen umgehen und versuchen, sie zu verstehen. Es gibt eine Zärtlichkeit des Denkens. Es gibt etwas wie das Wahren der Freiheit des Geistes des andern. Gerade unter Christen ist dieser Respekt und diese Zärtlichkeit im Umgang mit dem Geist s andern unterbetont. Wir sagen einander zu schnell, was und wie wir zu denken haben. Wir überrollen einander mit unseren Meinungen und nähern uns einander nicht vorsichtig, nicht zärtlich genug. Wir meinen zu schnell, wir hätten einander verstanden, wenn wir unsere Meinung nur bestätigt sehen. Wir denken nicht genug über die Gedanken des anderen nach. Darum gibt es gerade im Bereich des Denkens viel Brutalität, Grobheit und Aburteilung.

Wenn wir davon ausgehen, daß das Denken ein sehr tiefer Ausdruck eines Menschen und seiner Stellung zu sich selbst, zu Gott und der Welt ist, dann gibt es eigentlich nur ein vorsichtiges, zärtliches Umgehen damit. Wir nehmen ja nicht nur zu den Gedanken des andern, nicht nur zu seiner Meinung, sondern auch immer zu seinem Sein, zu seinem ganzen Leben Stellung.

Je reifer ein Mensch ist, desto integrierter wird er die Zärtlichkeit seines Körpers, der Seele und des Geistes erleben. Es ist wohl möglich, nur einen Bereich zu entwickeln, aber Zärtlichkeit wird dann nicht wirklich zu einer umfassenden, alles durchdringenden Existenzform. Zärtlichkeit wird dann nur punktuell erlebt. Bei einem reifen Menschen wird es schwer sein, die „Zärtlichkeiten" voneinander zu trennen.

Zärtlichkeit und Leid

Zärtlichkeit ist Erkennen der Verletzbarkeit. Zärtlichkeit ist auch das Gegenteil von Macht, von Regieren-Wollen. Der Zärtliche gibt sich in die Hände des andern. Und wer sich verletzbar macht, wird verletzt. Der, der sich mit Stärke umgibt, mit einem Wall schützt, kann nicht verletzt werden, stirbt aber in sich, weil er den Kontakt zur Umwelt verliert. Zärtlichkeit ist, diesen Kontakt immer wieder bejahen, ganz gleich, wie schmerzlich er auch manchmal sein kann.

Weil das vorsichtig Geäußerte oft von einem, der nicht zärtlich lebt, nicht verstanden wird, wird es abgewehrt oder entwertet. Daran entstehen Leid und Schmerz. Für viele ist dies Grund genug, nicht so zärtlich zu leben. Aber Zärtlichkeit gibt es nicht ohne Schmerz.

208

Zärtlichkeit und Geheimnis

Wenn Zärtlichkeit etwas mit Vorsichtigkeit zu tun hat, dann könnte man sagen, Zärtlichkeit ist ein Berühren, als berührte man nicht. Es ist ein Antasten, als tastete man nicht an. Es ist wie ein Hauch, weil der Zärtliche immer um das Geheimnis der Dinge und Menschen weiß, die er zärtlich berührt.
Zärtlichkeit lockt hervor und setzt nicht unter Druck. Sie lockt hervor, was sich locken läßt und was hervorkommen will – nicht mehr. Sie gibt sich zufrieden, das Geheimnis stehen zu lassen. Zärtlichkeit hat darum mit dem Unsagbaren zu tun. Manchmal kann Ungesagtes Tieferes aussagen als Worte. Darum ist Sprachlosigkeit manchmal die einzig passende Form der Zärtlichkeit.
Das sprachlose Sich-Ansehen, das wortlose Betasten kann Zärtlichkeit sein. Das Wort ist ja nur Hinführung zu einer Aussage und nicht die Aussage selbst. Das, was hinter dem Wort steht, soll vermittelt werden. Die sprachlose Zärtlichkeit überspringt das Wort und seine Begrenzung und spricht direkt. Das Schweigen, die Stille ist sehr beredt.

Verzärtelung

Es gibt auch eine Imitation, eine kitschige Form der Zärtlichkeit. Das ist Sentimentalität oder eine Kopie eines echten Gefühls. Sie schafft letztlich kein Leben auf lange Zeit, sondern gibt nur die Illusion des Lebens. Sie lockt nicht hervor. Sie ruft keine tiefe Veränderung des Menschen hervor. Insgesamt scheut die Verzärtelung die Tiefe des Gefühls. Sie „anempfindet". Sie hängt sich an die Empfindungen anderer an und macht sie nach.
Es geht also nicht so sehr darum, daß gewisse Handlungen zärtlich sind, sondern es kommt viel mehr darauf an, in welcher Haltung etwas getan wird und wieviel von diesem

Menschen in der Handlung ist. Wer sein Sein in seine Handlungen wirklich einfließen läßt, beginnt bereits, zärtlich zu sein.

Die Zärtlichkeit Gottes

Gott ist zärtlich mit uns. Er nähert sich dem Menschen mit Vorsicht und Respekt. Er wahrt die Entscheidungen des Menschen. Gott macht sich verletzbar, indem er sein Kostbarstes auch dann einbringt, wenn er weiß, daß er es mit Groben und Brutalen zu tun hat. Gottes Zärtlichkeit ist nicht abhängig von unserer Erwiderung. Und obwohl Gottes tiefste Zärtlichkeit dem Menschen gegenüber auf brutalste Weise abgelehnt wurde, ist er weiterhin zärtlich zu uns. In zärtlicher Fürsorge denkt Jesus bei seinem Tod an die, die ihn hinrichten. Auch nachdem er es den Menschen erlaubt hat, ihn zu verletzen, bleibt er noch bei seiner Zärtlichkeit.

Der reife Glaube an Gott und Menschen, diese Willigkeit zu vertrauen auch da, wo wir ausgenutzt oder nicht verstanden werden, dieser reife Glaube ist zärtlich. Gott glaubt an uns in zärtlicher Weise, und da, wo wir im Glauben reifen, werden auch wir in ein immer zärtlicheres Verhältnis zu Gott treten. Wir werden uns neu in Gott verlieben und über die Zärtlichkeit immer wieder zu der ersten Liebe zu Gott finden, jeweils auf einer tieferen, reiferen Stufe.

Zärtlichkeit im Alltäglichen

Der, der Zärtlichkeit lebt, erlebt die Welt als viel dichter und reicher, weil schon Geringes und Kleines etwas Tiefes in ihm auslöst. Die Sinne werden engagierter. Es geschieht eine Aufwertung des Alltäglichen. Nicht nur das Außergewöhnliche hat Bedeutung, sondern gerade das Gewöhnliche wird zum Zeichen, das über sich selbst hinausweist auf

Zusammenhänge und Zustände, die Zugänge zum Leben erschließen. Das Kleine wird lebensfördernd, weil es uns ermöglicht, im Hier und Jetzt zu leben, und unser Leben nicht aufs Warten verschiebt.

Im Zärtlich-Sein entdecken wir einen größeren Reichtum *in uns*, und mit diesem Reichtum können wir den Reichtum *um uns* auch besser entdecken. Die Welt wird dann mehr und mehr zu einer Feier. Wir lernen, das Sein zu feiern. Die pure Existenz von Menschen und Dingen ist Anlaß genug, sie zu feiern. Das ganze Leben wird zu einer Feier: Das Leben selbst wird gefeiert. Und uns wird zunehmend mehr der Vorstoß zu dem gelingen, der sich selbst das Leben nannte.

Auch in zehn Jahren noch

Auch in zehn Jahren
möchte ich noch verrückt sein können
mit dir:
mitten in der Nacht aufstehen
und am Strand entlanglaufen;
eine Riesentüte Popcorn kaufen
und bei einem kitschigen Film
am Fernseher verzehren;
im Bett frühstücken
mittags um zwölf
und einfach nicht an die Tür gehen,
wenn es gerade dann klingelt;
aus der Mundorgel Lieder singen,
die wir schon fast vergessen haben,
wie zum Beispiel
„Ick heff mol en Hamburg een Veermaster sehn"
oder
„Es lebt der Eisbär in Sibirien";
ich möchte auch dann noch ab und zu
Geld für dich ausgeben
wie in der Zeit unserer ersten Liebe,
ohne viel zu überlegen
und „mir meiner Verantwortung bewußt zu sein";
ich möchte auch dann noch
kopflos sein können,
wenn ich dich ansehe;

ich möchte mich beim Spazierengehen
auch dann noch hinter Büschen verstecken
und dich erschrecken, wenn du vorbeikommst;
unter freiem Himmel liegen,
die Sternschnuppen zählen
und dabei einschlafen;
auch in zehn Jahren
möchte ich noch Verbotenes denken wollen;
ich möchte mit dir Tage auf den Kopf stellen
und mich nicht an die Regeln halten,
die uns bieder und bürgerlich machen;
ich möchte nicht langsam einrosten
und sauer werden
und mich auf meine Rente vorbereiten;
ich möchte mir den Luxus des inneren Jungseins
gerade beim Älterwerden erlauben;
ich möchte auch dann noch neue Kosenamen
für dich finden,
auch solche, die man besser
nicht unter Leuten sagt;
ich möchte mit dir in Bewegung bleiben,
Erneuerung und Wachstum erleben.

Machst du mit?
Wenn wir schon jetzt
diese Art Zukunft anstreben
werden wir eine bessere Chance haben,
sie einmal so zu leben.

Unsere Entscheidung

Wir glauben an Wege
aus zerstörerischen Rollen
in die Freiheit der entschiedenen Zuwendung.

Wir glauben an die Erneuerung der Gefühle
nach ihrem Tod
in der Enttäuschung.

Wir glauben an die Freiwilligkeit der Liebe
und daß Erwartungen und Druck
die Liebe zerstören.

Wir glauben an den tiefen Wunsch in uns,
zueinander finden zu wollen
trotz aller Hindernisse.

Wir glauben an den Glauben aneinander
als der Basis zum Wachstum
in der Beziehung.

Wir glauben an die Überwindung
der Abhängigkeit voneinander,
um bewußter leben zu können.

Wir glauben, daß wir gleichwertig
und gleichwürdig sind
und daß wir nicht das Recht haben,
einander auszunutzen.

Wir glauben an die gegenseitige Vergebung,
aber auch daran,
daß Liebe viel mehr als Vergebung ist.

Wir glauben an den Schmerz
als Bestandteil der Liebe,
aber auch an die Möglichkeit
des Glücks und des Glücklichseins
in der Liebe.

Wir leben aus der Hoffnung,
unterwegs in das reife Lieben.

Ulrich Schaffer wurde 1942 in Pommern geboren. Im Krieg floh die Familie von dort nach Bremen; 1953 Auswanderung nach Kanada. 1961–1970 studierte er Germanistik und Anglistik in Vancouver und in Hamburg. 1970–1981 war er Dozent für europäische Literatur an einem College in Vancouver. Er ist verheiratet und hat zwei Töchter. Ein bis zweimal im Jahr kommt er zu Vorträgen und Lesungen nach Europa, um den Kontakt mit seinen Lesern zu halten.

Im Oncken und Brockhaus Verlag veröffentlichte er vier Bücher, die sich besonders mit dem Thema „Beziehung" befassen:

Ich will dich lieben. Ein Buch besonders für junge Menschen, die ihr Lieben und Geliebtwerden besser verstehen wollen, in dem das in Worte gekleidet wird, was viele unklar in sich spüren.

Wachsende Liebe. Ein Buch, das sich besonders mit dem Wachsen einer Beziehung befaßt. Die Texte sind auch besonders für die geschrieben, die schon erlebt haben, wie schwer und schmerzlich Beziehungen sein können, die aber nicht aufgeben, nach neuen Wegen zum anderen zu suchen. Das Buch ist mit Fotos illustriert.

Mit Kindern wachsen. In diesem Buch geht es besonders um die Beziehung zwischen Erwachsenen und Kindern. Die Kinder, die hier zu Wort kommen, sind Kleinkinder, die eigentlich noch nicht ausdrücken können, was sie empfinden, größere Kinder und Teenager, die sich von den Erwachsenen lösen, um selbst ihren Weg zu finden. Das Buch ist illustriert mit Schwarzweiß-Fotos.

Wurzeln schlagen. Der Untertitel dieses Buches heißt: „Eine Feier des Miteinanders". Darum geht es hier; aber nicht nur um das Feiern, sondern auch darum, zu sich zu stehen und sich in einer Beziehung zu behaupten. Landschaftsfotos interpretieren die Texte und machen Aussagen über das Leben.

Ulrich Schaffer · Sehnsucht nach Nähe
80 Seiten, kartoniert

Ulrich Schaffer verdichtet in diesem Band seine Sprache.
In drei Abteilungen entfaltet er sein Thema: „Mit
Haut und Herz", „Inneres Feuer" und „Ehe es zu spät ist".
Allen Texten gemeinsam ist die Suche nach eigener
Identität und nach der Beziehung zum anderen. „Politi-
sches Handeln", sagt Schaffer, „beginnt für mich da,
wo ich mich mit meinem Leben auf das Leben eines an-
deren Menschen einlasse, wo ich mich für die Wür-
digung des Menschen einsetze, ob hier oder am anderen
Ende der Erde."

Ulrich Schaffer · Ins Blaue wachsen
Gedanken zum Reifen
95 Seiten mit 43 ganzseitigen, vierfarbigen Fotos von Ulrich Schaffer
Format: 22 × 24 cm, gebunden

„Hier geht es um ein Wachstum, das keine Grenzen
fürchten muß: das Wachsen des inwendigen Men-
schen, dessen, der nie wieder sein wird, der er jetzt ist,
der über das Blau hinaus in das Licht zu wachsen von
jedem Blau angespornt wird und der sein blaues Fenster
in sich weit aufstoßen will. In seinem Schreiben und
Photographieren – welchem Photographieren! welchem
Schreiben! – berührt Ulrich Schaffer Schlummerndes,
,eine neue Möglichkeit', wie er sich und dem, der mit die-
sem erstaunlichen Buch umgeht, im Nachwort Re-
chenschaft gibt. ,Zu entdecken, was in mir schlummert
und was ich nicht kannte, heißt erneuert werden, an-
ders leben, wachsen. Ich bin auf der Suche.'"
Deutsches Pfarrerblatt

Kreuz Verlag

Ulrich Schaffer · Neues umarmen
Für die Mutigen, die ihren Weg suchen
93 Seiten, kartoniert mit Klappen

„Die vorliegenden Texte sind aussagestark. Es geht in allen um das Leben in seinen vielen Dimensionen, wobei die Beziehung zum Nächsten und zu Gott in zusammengehörender Weise bedacht ist. Sehr deutlich steht Angst im Hintergrund und die Weisen, wie man versuchen kann, mit ihr zu leben oder sie zu ‚bewältigen'. Der Leser wird sich mit seinen eigenen Problemen sehr stark konfrontiert sehen; er wird angeregt, dies mit großem Ernst und auch mit Mut zu tun. Rezepte erhält er selbstverständlich keine."
Die Zeit im Buch

Ulrich Schaffer
Entdecke das Wunder, das du bist
Der Wunsch, wirklich lebendig zu sein
Mit zahlreichen Schriftgrafiken von Friedrich Peter
116 Seiten, kartoniert mit Klappen

Ulrich Schaffers Buch beansprucht nicht, den Weg zum Glück zeigen zu können. Aber es besteht aus einer Reihe von Reflexionen und Gedichten, die auf der Suche nach erfüllterem Leben entstanden sind. Gegen lebensfeindliche und zerstörerische Tendenzen setzt er wache Aufmerksamkeit für Ahnungen, Intuitionen, Träume und Phantasien, die das Leben reich und wunderbar machen können. Dem inneren Reichtum seiner intuitiven Texte entspricht die vielseitige Gestaltung einzelner Aphorismen in den Schriftgrafiken von Friedrich Peter.

Kreuz Verlag